Cómo Sánchez destruye España

MIQUEL GIMÉNEZ

Cómo Sánchez destruye España

SEGUNDA EDICIÓN

SEKOTIA

SEKOTIA
www.sekotia.com
@sekotia

Primera edición: octubre de 2025
Primera reimpresión: febrero de 2026

Sekotia • Colección Reflejos de Actualidad
Editor: Humberto Pérez-Tomé Román
Maqueta: Helena Montané

info@almuzaralibros.com
Parque Logístico de Córdoba. Ctra. Palma del Río, km 4
C/8, Nave L2, nº 3. 14005 - Córdoba

Imprime: Gráficas La Paz
ISBN: 979-13-87812-25-6
Depósito legal: CO- 1822-2025
Hecho e impreso en España - *Made and printed in Spain*

ÍNDICE

«La rebelión sentimental de las masas, el odio a los mejores, la escasez de éstos: he ahí la razón verdadera del gran fracaso hispánico.»

Ortega y Gasset

«En España, de cada diez cabezas, nueve embisten y una piensa.»

Antonio Machado

«En España el mérito no se premia. Se premia robar y el ser sinvergüenza. En España se premia todo lo malo.»

Ramón María del Valle-Inclán

«La lógica española no puede fallar. El pillo delante del honrado; el ignorante encima del entendido; el funcionario probo debajo, debajo siempre.»

Benito Pérez Galdós

A Elena, como siempre.

Aviso al lector

Es muy posible que cuando estas páginas vean la luz la situación en España haya cambiado a mejor o a peor, que eso solo Dios lo sabe. Téngase en cuenta este factor a la hora de leer el libro, porque las circunstancias políticas se suceden con tal rapidez que rozamos casi el vértigo y el autor se declara manifiestamente incompetente en materia de predicciones, horóscopos y demás artes adivinatorias.

Muchas gracias.

Antes de empezar aclaremos conceptos

El sanchismo es mucho más que la consecuencia funesta de unir varias ideologías, de un Frente Popular 2.0, de la derivación del socialismo e incluso de los delirios megalomaníacos de Pedro Sánchez. Es más que la unión de una banda de perdedores históricos ávidos de revanchismo o de un simple hatajo de bandoleros. El sanchismo no puede interpretarse solamente desde esos puntos de vista, aunque todos sean ciertos, ni siquiera de que es movimiento subvencionado por potencias extranjeras para desbaratar a España y convertirla en lacaya sin capacidad de respuesta. No es ni un experimento social ni un ensayo de cara al conjunto de Europa, ni el demérito de unos o el mérito de otros. El sanchismo, para entendernos, es una patología, un virus, una enfermedad que ha conseguido insertarse en el débil sistema inmunitario de nuestro ordenamiento jurídico y que, en vez de ser combatido, ha sido potenciado por todos los interesados en ver a la nación de libres e iguales como un cadáver del que apropiarse los despojos. El sanchismo es la sinrazón del malvado que hace el mal porque sí, sin motivo, aunque los haya, sin preguntarse nada, sin recriminación, sin empatía. El sanchismo es el epítome del mal convertido en obra de gobierno y no tiene más razón que la suya ni más explicación que la de sus actuaciones.

El sanchismo es un veneno que nos destruirá si no lo combatimos. Ya se perciben los graves síntomas y eso es lo que pretenden explicar los siguientes capítulos.

El autor

Introducción

Escribir acerca de España es un ejercicio de alto riesgo que en tiempos pasados tenía como consecuencia duelos al pie de la tapia de algún convento al despuntar el alba. A sable o pistola. De ahí que Larra, prudentemente, escribiera en uno de sus imprescindibles artículos: «No se admiten duelos ni desafíos». El autor comparte ese criterio. Sé que nadie como los españoles para sentirse aludidos, aunque nadie los haya mentado. Somos gentes que viven pendientes de lo que piensen los demás. Hay particularidades, por vía de ejemplo, que presentan los idiomas. Así como en alemán existe la palabra *schadenfreude*, la alegría ante el mal ajeno, que hubiera debido ser española por lo que tiene de envidia, en español existe el concepto de picaresca, cosa que no existe en otros idiomas.

En nuestro país, triste es decirlo, se admira más al pícaro que al honrado, al que roba que al que no. Tenemos una pésima opinión de nosotros mismos y solemos salir del paso con un... «Si yo pudiera, también robaría» o el más ecléctico, pero igualmente terrible... «Aquí todos roban». Ambos quedan superados por el sectario... «Si han de robar, mejor que sean los míos», argumento que tengo muy escuchado entre separatistas catalanes a propósito de la familia Pujol.

La inmoralidad se eleva a algo no tan solo cotidiano, sino inevitable, fatal, consuetudinario con nuestro modo de ser. La tolerancia con el pillo, cuando no la abierta simpatía, es uno de los factores que nos ha llevado a dónde estamos. Porque el sanchismo, además de muchas otras cosas que iremos desgranando a lo largo de estas páginas, no es más que la secular picaresca española elevada a la enésima potencia. Casos como el de Ábalos, que en cualquier otro país hubiera sido motivo para hacer caer a un gobierno, aquí se contempla por parte de la opinión pública de forma amable, jocosa, incluso quitándole hierro al asunto, como haría un padre indulgente ante las calaveradas de su hijo.

Todo eso deviene del complejo de inferioridad que propios y extraños han introducido en la médula de nuestro sentimiento nacional. Ocasión tendremos de extendernos más acerca del asunto, porque si los españoles ya nos sentimos acomplejados de por sí, la izquierda es el sector patrio que más inferior se siente. Cuando se trata de emitir un juicio acerca de nuestro pasado, de nuestra sociedad, de nuestros dirigentes o de nuestros personajes históricos sentimos una vergüenza que no se corresponde para nada con todo lo que España ha hecho a lo largo de su historia.

Si el sanchismo ha conseguido romper el frágil puente de la convivencia que se había trenzado tras muchos años y no pocos esfuerzos —y tascar el freno, digámoslo todo— es porque ha sabido explotar nuestros defectos de manera habilísima, canallesca y anti española. Existe, repito, un tremendo complejo de inferioridad que viene de siglos ha, que nos arrastra, impeliéndonos a no acabar de consolidarnos nunca del todo. Me parece que con esto se entenderá mejor lo que supone de arriesgado —temerario, diría más bien— escribir acerca de por qué hay lo que hay, máxime si lo hace un español como es el caso.

Porque si quien lo hace es de allende de nuestra tierra los prejuicios, la falta de conocimiento real, el tópico o la mala fe suelen ser cosa habitual. No es que desde fuera nos vean distorsionadamente, lo que tendría cierta explicación debido a lo poco y mal que nos hemos explicado a lo largo de la historia y lo mucho y sesgado que lo han hecho los demás. Es que incluso entre los hispanistas de buena fe, que haberlos *haylos*, se nota el acento negativo y uno comprueba que quien ha pergeñado ese libro, artículo o ensayo no es de aquí y, claro, le faltan claves. Es difícil y les pondré un ejemplo. Analizar los separatismos vasco y catalán partiendo del carlismo, la fractura social que supusieron en el siglo XIX esa facción y su opuesta, la liberal, hijas del mal gobierno y de la guerra de la Independencia, para después ligarlo con los espadones groserotes y unos republicanos más ateneístas que políticos, sumándolo todo a la Restauración, el turnismo, la pérdida de las últimas partes de la España de ultramar para, finalmente, enlazarlo con el auge de los movimientos obreros anarquistas y socialistas mezclándolo con Lagartijo, la novela de folletón, el Tenorio, Larra, *La canción del pirata* y la Exposición Universal de Barcelona del 1888 quizá sea pedir mucho.

Ya ni les cuento, basándonos en esto, lo imposible para alguien de fuera hacer un análisis de cómo nuestro pasado pesa y mucho en lo que sucede en la actualidad y lo que podría acabar sucediendo en un futuro próximo si no sajamos ese absceso llamado «¿Y a mí qué?» que tantas veces acude a la boca de un español cuando de política se trata. La historia, por desgracia, se analiza y contempla al por menor, al *detall*, y cuando se quiere hacer a lo grande lo grueso de la pincelada se lleva por delante asuntos de muchísimo peso e importancia.

Lo malo que tiene intentar abordar algo tan complejo como España es que no bastan las cifras, las estadísticas, las fechas o los nombres propios. Pero no seamos parciales. Lo mismo nos pasa con frecuencia, quizá demasiada, a los españoles cuando pretendemos vislumbrar como hemos llegado hasta aquí y qué nos depara el futuro. Nadie peor que un español para diseccionar esa España que tiene tantas versiones como españoles. Nuestro cáncer no son las dos Españas, son las mil y una

Españas que existen según el acomodo de la mayoría, añadiendo a esto la pasividad suicida de esa mayoría silenciosa. Esos compatriotas que parecen impermeables a lo que vivimos a diario, a la degradación del país, de las instituciones, de la vida pública y privada.

Uno se pregunta, no sin cierta angustia, qué tendría que suceder para que reaccionasen, saltando del sofá o abandonando el taburete de la barra del bar del barrio, para reaccionar. Justamente para no caer en circunloquios de café ni en melancolías de lo que fuimos un día y ya no seremos jamás, entiendo, y permítanme que me arrogue esa posible solución, que la única forma de hacerlo es abordar el problema con la curiosidad del entomólogo, la escrupulosa imparcialidad del juez, el corazón del poeta y, hecho todo eso, encomendarse a Dios, porque seguro que los palos me caerán de un lado, del otro o de ambos.

Así las cosas, lo más honesto es decir que lo que pueden encontrar en las páginas siguientes es el fruto de reflexionar sobre lo que somos como sociedad e individuos, llevado a cabo desde la atalaya de quien se dedica a hacerlo diariamente en los medios. Eso no es garantía de nada, pero sí podría tener el incierto valor del *flaneur* que pasea por las calles observando a las gentes y tomando nota. Solo en *Vozpopuli*, los últimos siete años, he escrito más de dos mil artículos que muchos lectores —empezando por mi querido editor Jesús Cacho y mi no menos querido jefe de opinión Alejandro Vara— han soportado con estoicismo ejemplar.

Si cuento esto es porque, a fuerza de cortar árboles, uno puede considerarse leñador según reza el viejo refrán. No se trata de pontificar ni de sentar cátedra, que para eso ya están los que viven de la hagiografía. Si este libro debiese tener alguna guía me gustaría que fuese el de ser una reflexión, puede que equivocada, pero honesta a carta cabal. No pretendo más que dar una visión personal, que acaso concuerde con unos y disguste a otros.

Personal y, añado, basada en los sesenta y siete años que tengo en los que he visto desarrollarse la política nacional desde ángulos distintos, puesto que uno también cambia con el tiempo, y de la misma manera que no puedes bañarte dos veces en el mismo río tampoco analizas igual a los treinta que a los cincuenta que a mi edad. La memoria siempre es útil cuando de trazar líneas histórico políticas de trata. Esa memoria que ahora se quiere mixtificar, uno de los errores que nos hacen ser como somos.

Como sea que el sanchismo es el virus que en el momento actual ha activado lo que de peor tenemos como pueblo, agitando limos que deberían haberse aquietado para siempre y destruyendo lo poco que manteníamos a duras penas en pie, he querido analizar a nuestra patria con el microscopio enfocado sobre esa bacteria denominada izquierda sanchista que, pareciendo múltiple y distinta, es vieja y apolillada.

Si tuviésemos un calco de lo que fue el malhadado Frente Popular y lo colocásemos encima de la coalición que hoy le permite a Pedro Sánchez sentarse en la silla de presidente del Gobierno de España veríamos que coinciden en un noventa y nueve por ciento. Toda aquella carga de inquina, frustración individual, medianías, envidias, iniquidad, egoísmo y mentira ha revivido merced a una izquierda que parecía haber evolucionado con la Transición, como supo hacerlo la derecha, siendo así que en realidad lo que hacía era camuflarse bajo el ropaje de la social democracia de los Willy Brandt y los Mitterrand para mejor resurgir cuando fuera más conveniente. Estos cuarenta años de democracia parlamentaria no sirvieron para que se fraguase una España más sólida y vertebrada, al contrario. Cuando ha sonado la hora, nos hemos encontrado con que la vajilla de la mesa común estaba tan agrietada que se ha roto al primer empujón. De todo esto habrá que hacer un análisis y los historiadores del futuro son los más adecuados para ello.

A quienes estamos viviendo estos tiempos nos queda el recurso de poner lo que vemos por escrito, siquiera por vocación de notarios de la historia, de esa memoria de la que tanto habla la izquierda pero que tan poco aplica cuando le es manifiestamente adversa.

En este libro encontrarán esa memoria junto a mis opiniones expresadas de manera libre y sin ataduras con ninguna formación política. Ninguna, ni siquiera las que defienden algunas de las ideas que pudiera yo tener. A mi edad se cree en pocas personas dedicadas a la cosa pública, poquísimo en los partidos políticos y absolutamente nada en quienes pretenden hacernos comulgar con ruedas de molino. No creo que pueda pedirse más.

Consideraciones sobre España y los españoles

LA UNIDAD DE ESPAÑA

El mal denominado problema territorial se fundamenta, obviamente, en que a Sánchez no le gusta la unidad en nada y mucho menos la que se refiere a la nación española. Y excuso comentar lo que opinan acerca de lo mismo sus socios separatistas catalanes, culpables de un intento de golpe de estado en toda regla, o de sus socios ex batasunos, culpables del terror en las Vascongadas. En su condición de mentes totalitarias que desdeñan la discusión prefiriendo eliminar por vía de hecho a su oponente, —y no digamos los comunistas, con millones y millones de asesinados en el mundo debido a su sanguinaria doctrina— solo aceptan conceptos unitarios si se basan en la adoración al líder y a su política. Ahí sí que exigen, so pena de defenestración, una lealtad digna de aquellos jóvenes a los que, esclavizados por el consumo del hachís, el Viejo de la Montaña enviaba desde su nido en Alamut a los confines del mundo para ejecutar sus misiones de asesinato. No en vano la palabra asesino proviene del árabe al-hassassim.

Desde los tiempos en que Hasan-i Sabbah, fundador de esa secta nazarí, escindida de los ismaelitas, emitía sus sentencias de muerte sentado en su trono en pleno Imperio fatímida, hasta hoy, han cambiado muchas cosas pero no tantas como la masa imagina. Porque la condición humana sigue siendo la misma, por desgracia.

En lo que se refiere a que un sátrapa criminal decida quien ha de morir a kilómetros de distancia en base a sus creencias insanas es evidente que no hemos avanzado nada. La *Fatwa* promulgada por algún Ayatola puede costarle la vida a más de uno, como bien sabe nuestro querido amigo Alejo Vidal Cuadras. O el mega zarismo putiniano puede hacer que a kilómetros del Kremlin alguien te pinche con un paraguas, condenándote a una muerte terrible por infección de polonio. Pero, volviendo al ejemplo del Viejo de la Montaña, los jóvenes embriagados por la sustancia alucinógena que vivían en un paraíso artificial a los que seleccionaba para sus misiones de muerte se veían súbitamente privados de ella; Hasan les decía que si cumplían el encargo de matar a quién él les indicase morirían seguramente en el empeño, pero volverían a gozar de los placeres que creían reales merced al hachís, pero ya en el Paraíso de Alá, el de las mil huríes siempre vírgenes.

Como no había asesinos mujeres desconocemos si a éstas les prometía miles de efebos también siempre intactos, porque en esa ordalía fanática se prometen vírgenes tan solo, como si las mujeres no pudiesen ascender al paraíso.

Lógicamente, deseosos de retornar a aquel Edén puramente artificial, hacían lo que se les ordenase felices y contentos y marchaban decididos y fanatizados hasta acabar con la vida de su objetivo, satisfechos de cumplir con su mentor y convencidos de que el premio que les aguardaba era una eternidad de placeres sin cuento en el más allá. Igual que los terroristas de ahora.

Como el sanchismo tiene mucho de secta en la que se obedecen sin discutir las órdenes del jefe, sus integrantes siguen al pie de la letra las consignas esperando, no algo sublime como entrar en el paraíso celestial, sino una cosa mucho más mundana: el cargo, la prebenda, la canonjía y, en no menor medida, el poder figurar entre los elegidos del líder. Reconozcámoslo: en este sentido, los sanchistas son mucho más prácticos que los seguidores de Hasan.

Eso sí, también son mucho más caros porque aquellos no cobraban y, en cambio, estos sí. Y del erario público.

De todos modos, pretender que ese odio por España, su unidad, su historia —de la que ya hablaremos en su momento con motivo del revisionismo histórico aberrante— o su profunda repugnancia hacia la democracia liberal, justa, limpia y regida por normas iguales para todos sea motivado solo por motivos egoístas sería blanquear al sanchismo. Y no. Aquí hablamos de la idea secular que ha tenido la izquierda en general y la española en particular de destrozar a la nación dividiéndola en reinos de taifas para luego volver a juntar los pedazos en una especie de confederación extrañísima, porque no se puede confederar más que entre desiguales y este no sería el caso español. Así pues, primero deben romper a la patria y luego volver a unir las piezas a su gusto y conveniencia.

No están solos en el empeño, aunque la contradicción ideológica sea aberrante. Que sea precisamente una ideología como el socialismo que pretende, es un decir, que todos los seres humanos seamos iguales la que vaya de la mano del supremacismo catalán, que tiene sus más hondas raíces en un racismo profundamente crudo, implacable y sin contemplaciones hijo de los racistas Howard Stewart Chamberlain o Gobineau —lo describí en forma de novela en mi obra *Operación Barcelona: matar a Hitler,* publicada en esta misma editorial— o con los separatistas vascos, hijos de un orate llamado Sabino Arana que era incluso más racista que los propios nazis, tiene una lógica aberrante, pero lógica al fin y al cabo. Lo unitario va en menoscabo de su estrategia. Si no se puede partir una roca sólida y fuerte, lo mejor es irla troceando en pequeñas porciones y, al final, la roca acabará por romperse en su integridad.

Las justificaciones ideológicas que desde la izquierda se han empleado para este fin son tan pobres intelectualmente como mendaces. Cuando en el PSC yo hablaba de esto solían citarme a Comorera, un comunista admirado por propios y extraños desde Jordi Pujol y Esquerra hasta el PSUC, pasando por el propio PSC, que fue consejero de la generalidad varias veces durante la República. Sin entrar a fondo lo que significa en el fondo que un socialista tenga que acudir al comunismo para definir por qué España está mal hecha y hay que cambiarla —también citan a personajes oscuros como Serra y Moret del que nadie se acuerda— hablaban de la «cuestión nacional».

Según aquellas luminarias pequeño burguesas del socialismo catalán, que ha acabado contaminando al de toda España, Comorera ponía el dedo en la llaga al afirmar, y el lector me perdonará la cita farragosa, «Cataluña es, pues, una nación. Pero Cataluña, camaradas, no es una comunidad de destino. El principio de Lenin que afirma que dentro de cada nación moderna hay dos naciones se adapta perfectamente a Cataluña como a cualquier otra nación. Importa, compañeros, que meditemos y asimilemos este principio de Lenin. Su incomprensión abre las puertas a todas las desviaciones nacionalistas pequeño burguesas, nos conduciría a un callejón en el cual nunca ha hallado ni hallaría solución nuestro problema nacional».

El resto, por resumir, viene a decir que, puesto que el proletariado es la clase mayoritaria en Cataluña, debe ser la clase trabajadora la que dirija la nación. El proletariado se erige en clase nacional, en la misma «Nación» entendida como corpus totalitario sujeto al dictado de quien la conforma. Es decir, retóricas *comunistoides* a un lado, un dirigente comunista que tomó parte activa en la República, en el estatuto de autonomía, que fue consejero de la Generalidad y detentó responsabilidades concretas mientras se torturaba y asesinaba a miles las personas opuestas al régimen republicano comunista en las siniestras checas a manos del asqueroso SIM, no ponía en discusión lo sustancial: Cataluña es una nación pero, eso sí, «el problema nacional» solo puede solventarse con la asunción del poder por parte del comunismo.

Nación y problema nacional, dos conceptos que podría haber ser sido formulados, y de hecho lo son, por Puigdemont o Junqueras y que han sido el principal ariete del nacionalismo pujolista.

Resulta chocante la actitud que el PSUC mantuvo con la Convergencia de aquellos primeros años de nuestra democracia —y en los últimos del franquismo, en los que desde el despacho de Pujol en Banca Catalana se subvencionaba a cualquier piernas con tal de que fuera contra España, ojo, decimos España y no Franco— y viceversa. En este marco de compra de voluntades y adhesiones con maletín interpuesto algún día habrá que hablar de cómo cierto cantante muy conocido recibió millones, así, en plural, suministrados por esa clase nacionalista escondida tras los negocios, así, para adoptar determinada postura política provocando con esto un tremendo escándalo nacional. La persona en cuestión quedó como un héroe, la causa nacionalista estuvo así bien servida y aquí paz y después gloria. Repito, se sabrá. Y esto que digo lo entenderá al menos un lector, parafraseando a Conan Doyle. El día en que se haga púbico veremos hasta dónde podía llegar el poder del dinero. Cosa que no ha cambiado nada, por cierto. Ahí lo dejo.

Sigamos. Entre ambas formaciones, CiU y PSUC, existía una complicidad absoluta. Ahí está la relación entre el historiador Benet, comunista, y Pujol, que no se cansaba de loarlo. Si eso no se mostraba públicamente de manera tan clara entre socialistas y pujolistas era, en primer lugar, porque competían por gobernar la autonomía y, segundo, porque el votante del PSC siempre ha sido refractario al nacionalismo, de origen castellano parlante, de extracción humilde, proveniente de otras partes de España y admirador de Felipe y Guerra. Un español de izquierdas, resumiendo. Me refiero al de aquellos tiempos; ahora, ni eso.

Por lo tanto, las colusiones con todos quienes deseaban romper la igualdad entre los españoles han sido y son muchas. Por otra parte, al sanchismo le viene de perlas enfrentar territorios como una forma más de tapar sus vergüenzas. Véase la campaña a cara de perro que mantiene Moncloa con la presidenta Ayuso y, de resultas, con los madrileños. O esa batalla por llevar al patíbulo político al presidente valenciano Mazón por la DANA. Otro asunto del que algún día la historia tendrá que decir mucho y no bueno respecto hasta qué extremos pueden llegar los socialistas cuando de mentir e intoxicar se trata.

No, a Sánchez nunca le ha convenido ni la unidad de España ni las instituciones y organizaciones que la representan. De ahí se desprende también su desprecio hacia la figura del jefe del Estado, su majestad el rey Felipe VI, el empeño en que el rey Juan Carlos no retorne a su patria, la colonización de las Fuerzas de Seguridad del Estado —véase la tremenda injusticia que el ministro Marlaska cometió contra el para mí general Pérez de los Cobos—, la Justicia, el lento y disimulado intento de desmantelar determinadas unidades policiales, el mantener al ejército alejado de sucesos como la terrible DANA o, ya en el plano de la representación nacional, el menosprecio que mantiene desde el minuto uno hacia el Congreso de los Diputados y ya no digamos el Senado donde tiene mayoría el PP.

Podríamos concluir que, al fin y al cabo, a Sánchez lo que no le gusta de la unidad de España es la propia España y sus instituciones, y que preferiría derribarlo todo para crear un estado *ex novo* con él mismo al frente como presidente, a lo Chávez.

Todos sus pasos, todas sus actuaciones, incluso su histrionismo barato, copian el estilo chavista y se encaminan justamente a una república de corte bolivariano. Esta es una acusación que molesta a los pro gubernamentales, pero ya me dirán ustedes qué puede deducirse de alguien que va colocando en lugares estratégicos como la presidencia del Tribunal Constitucional o la Fiscalía General del Estado a personajes adictos a su causa, alguien que apenas acude al parlamento a rendir cuentas o que ni siquiera se digna convocar un Debate del Estado de la Nación, refugiándose en actos diseñados *ad hoc* con sus fieles para decir cuatro consignas falaces. Un individuo que ante una desgracia o el estallido de la corrupción más nauseabunda de sus más próximos espeta: «Yo estoy bien», «Si quieren ayuda que la pidan» o el estúpido «Son las cinco y no he comido» ya demuestra lo que es como persona. Nada.

Con todos esos precedentes, es inaudito que un dirigente europeo se niegue de manera tan pertinaz a rendir cuentas.

Sánchez lo hace porque de la dispersión de voto ha hecho virtud, porque a base de tanto mensaje propagandístico aquel antaño sólido edificio llamado España está cada día más cuarteado por quienes lo quieren derribado desde dentro y desde fuera —léase Marruecos— y porque la oposición no ha sabido, podido o querido organizarse en un frente unido y beligerante, dedicándose las más de las veces a pelearse entre ellos que contra el adversario común. A ellos también la historia los juzgará y no será amable, lo digo con pesar.

A Sánchez, pues, le molesta España, su historia, sus instituciones, sus tradiciones seculares, incluso su bandera. Quiere otra cosa totalmente diferente y sabe que para conseguirla debe borrar todo lo hecho en España. Hablando en plata, lo que ansía es dejarla como un solar y sobre ese solar alzar un edificio que poco o nada tendría que ver con lo que hemos sido. Con una historia debidamente modificada a su gusto, con una sociedad artificialmente inventada por él, con instituciones que actuasen como la voz de su amo, en fin, lo que viene siendo una dictadura con todos los atributos que componen la misma. Todo esto está sucediendo ante nuestros ojos y vemos como cada día surge un nuevo nacionalismo en el solar patrio. Que eso tiene mucho de interés mezquino y posee un asqueroso tufo de cacique local es indiscutible, pero no perdamos de vista que detrás de esos folclorismos de salón también hay un plan muy bien trazado.

Me recordaba el otro día un amigo historiador que, durante la guerra, Santander emitía moneda pública. A eso quiere llegar Sánchez y de ahí que ahora se hable del andaluz como idioma, que se fomenten partidos separatistas en León o en El Bierzo, que la furia por imponer el asturiano haya alcanzado cotas que hace pocos años nadie hubiera sospechado o que en Aragón digan que su idioma es el aragonés, la *fabla*, que, dicho sea con todos los respetos, es un dialecto que se habla solamente en la franja pirenaica en la tierra de mi abuela materna.

¿Llegaremos a ver traducción simultánea en el Congreso del panocho murciano o el castúo extremeño? Si la hay para catalanes, vascos, etc., sería lo justo, porque aquí, o todos o ninguno. Y el españolito de a pie, al que no le alcanza el sueldo, el que ve como lo fríen a impuestos mientras los gobernantes están instalados en una dorada corrupción, el que paga en definitiva la fiesta del chivo se pregunta ¿y a mí qué me importa que se hable catalán en el Congreso? ¿En qué mejora mi vida ese tipo de cosas? La respuesta es lapidaria: en nada.

El culmen de todo este odio hacia España llegará cuando introduzcan al traductor del silbo gomero. Pero me detengo en lo que respecta a este asunto, no sea que Sánchez lea o le lean —lo más probable— estas páginas y le esté dando ideas.

LA BUROCRACIA COMO REFUGIO DE LOS INÚTILES

De la misma forma que Vargas Llosa, que Dios tenga en su Gloria, se preguntaba cuándo se jodió el Perú, los españoles podríamos formularnos la misma cuestión. ¿Cómo una nación que dominó un Imperio mundial ha acabado pordioseando ante los plutócratas de Bruselas? ¿Qué razones hay para que nuestra voz no sea escuchada por nadie ni nuestra opinión valga una higa? ¿Qué mano —o manos— negras han hecho que España haya ido de mal en peor desde el siglo XVIII? Seguramente los *conspiranoicos* tengan muchas causas a las que atribuir nuestra decadencia, pero la realidad siempre es mucho más cruel y trágica que la mejor de las ficciones dramáticas. Si estamos como estamos es única y exclusivamente por culpa de nosotros mismos, de los españoles. Una nación poblada por patriotas que se sienten orgullosos de su tierra puede ser atacada, pero jamás podrá desaparecer de manera deshonrosa ante la indiferencia de sus pobladores.

Que es, justamente, lo que nos sucede. Respondiendo a la pregunta de Vargas Llosa aplicada a nuestra patria, España se empezó a joder cuando los españoles empezamos a abandonarla, a ser más egoístas que españoles, a preferir nuestra bandería, nuestra patria chica o nuestros asuntos al conjunto nacional. Decía el poeta que el reino perdido de Tebas murió cuando no tuvo poetas que lo cantasen. Esto es lo que nos ha pasado a nosotros, que, por creernos, incluso hemos tragado con falacias como la «Leyenda Negra», ingenioso artificio propagandístico anglo sajón para ocultar sus tropelías y genocidios en las Indias.

Es la paradoja del español: suele tener devoción por la Semana Santa, pero es ateo; dice que esto de España no tiene arreglo pero ojito con meterte con su pueblo; asegura no sentirse patriota porque eso es de fachas, pero se pone como un loco cuando ganamos al fútbol, al tenis o en cualquier competición deportiva. En suma, nuestra españolidad —comprendan que no hablo de todos ni de la mayor parte siquiera— es de una hipocresía tremenda. Nos da vergüenza sentirnos españoles y proclamarlo en voz alta. Decimos una cosa y hacemos otra, lo cual además de ser un rasgo muy nuestro es de una esterilidad social, política, económica e histórica brutal. El provincianismo ha sido y es un virus mortal para la nación española. Y cuando nos toca ejercer de españoles es, por lo general, para hablar mal de nuestra patria. Es aquella vieja frase que reza: «Si está hablando pésimamente de España seguro que es español».

Despreciamos a nuestros genios, los ignoramos, permitimos que se hayan ido históricamente a trabajar a otros países donde han dado a la humanidad auténticos logros, pero se nos cae la baba con cualquier piernas con apellido extranjero que venga a decirnos que el agua moja. Es puro papanatismo intelectual y la razón por la cual en España se admira más a una famosa que lo es solo por abrirse de piernas delante de un señor conocido y dejarse preñar, o a un futbolista que apenas sabe hilvanar una frase medianamente inteligible, antes que a un científico que se pasa la vida investigando sobre cómo curar el cáncer por una miseria de sueldo. Y encontramos espléndido que a los primeros se les retribuyan sus miserias con millones y millones, muchas veces extraídos del dinero de todos los españoles, mientras que al científico le regateamos todo.

Recuerdo al gran Doctor Joan Oró, a quien tuve el honor de conocer, cuando me dijo que, tras su regreso de los EE. UU. donde era una eminencia —el Doctor Oró fue un bioquímico eminente que trabajó para la NASA donde lo trataban como lo que era, un sabio—, pensando que con la democracia podía hacer algo en su tierra, se volvía otra vez a su país de acogida. Grave error.

«Mire —me confesó— allí pido una probeta y al momento tengo una caja; aquí, además de tardar meses en darme respuesta, al final, no me las envían. Existe una especie de pereza, de inactividad, de burocracia que todo lo retrasa y entorpece y nadie parece dispuesto a hacer nada por solventarlo. Y así *no farem res*, no haremos nada». Se hizo político esperando poder intervenir en ese estado de cosas. Fue peor. Retornó a los EE. UU. donde no le faltaron nunca los medios ni el dinero para su trabajo y donde, además, se le brindaba el respeto que sus compatriotas le negaban.

Y a eso vamos. El diagnóstico es tan válido ahora como lo fue en los inicios de la Transición. Junto a la envidia, la pereza y la falta de interés en lo intelectual, la burocracia es uno de los grandes frenos al progreso español. Esto lo sabe muy bien la izquierda y por eso multiplica los cargos, los asesores, los asesores de los asesores, los organismos inútiles, los ministerios y los departamentos oficiales aunque sepa que no han de servir para nada que no sea colocar a sus conmilitones. Es obvio que eso obedece al temor a la libertad que tienen los que provienen de ideologías marxistas.

El empleador por excelencia ha de ser el Estado, dicen, que, gobernado por el partido, es quien ha de regular los trabajos e ingresos de sus habitantes asegurándose así un control social absoluto. Cuando Berlinguer empezó a hablar del eurocomunismo, que algunos interpretaron como una ruptura con el viejo estalinismo y un *rapprochement* con la democracia liberal, no lo creí a pesar de mi juventud. Los cantos de sirena pudieron engatusar a muchos, cierto, pero me resultaba imposible creer que, a nivel español, el responsable de las sacas, de Paracuellos y de tantos otros crímenes como fue Santiago Carrillo pudiese vendernos ese comunismo con rostro humano, él, que había servido a Stalin sin abrir la boca. Porque comunismo y democracia son conceptos totalmente antagónicos. Y nunca he creído que el comunismo, como el nazismo, tengan un rostro ni humano ni vagamente parecido a eso.

Me permito un inciso: si el nacional socialismo se considera una atrocidad —y lo es— y la apología del mismo es delito en

Europa habiendo sido condenado por el Parlamento Europeo que al menos por una vez ha acertado, ¿cómo puede ser posible que existan partidos comunistas legales y la exhibición de banderas y símbolos comunistas o estén proscritos siendo como son los causantes de millones de muertes? Si usted le grita «nazi» a cualquiera eso se interpreta como insulto, pero no pasa lo mismo si dice «comunista». Lo vemos a diario. Los comunistas se vanaglorian, se ufanan, se pavonean, e incluso con Sánchez están en el Gobierno desde que éste empezó su andadura en la presidencia. Es una mixtificación histórica que proviene del final de la II Guerra Mundial y que se mantiene viva a día de hoy. Nadie les echa en cara el estalinismo y sus terribles matanzas como el Holomodor ucraniano que mató a miles de seres humanos de hambre o a los terribles gulags, o a los juicios de Moscú; tampoco se les avergüenza con el régimen de Pol Pot, que llegó a proscribir el canto de los pájaros por considerarlo antirrevolucionario o asesinó a las personas que llevaban gafas por presuponerles una condición de intelectuales reaccionarios con el movimiento de los Jemeres Rojos, la banda de asesinos que no desmerece ni a las SS ni a la NKVD; mucho menos su agresión constante a los países del Este que vivieron sojuzgados a Moscú durante décadas o, por hablar de la actualidad, las dictaduras norcoreanas, vietnamitas, venezolanas o cubanas. Finalizo el inciso con la perplejidad de quien no comprende ese doble rasero de medir, atribuyéndolo a la complacencia de la izquierda socialista y a la aquiescencia criminal de las fuerzas no marxistas que han estado durmiendo el sueño de los justos, por decir algo, desde el siglo pasado.

De ahí que los Gobiernos socialistas en España, que han virado de manera brutal hacia el viejo largo caballerismo de la malhadada República, hayan seguido a pies juntillas las tesis más ortodoxas del PCE y vean con malos ojos a la iniciativa privada, siendo su primer objetivo pulverizar las clases medias, abrumándolas con impuestos voraces y sometiéndolas a normativas absurdas que, prácticamente, hacen que a nadie le salga a cuenta ser autónomo o montar un pequeño negocio. La clase media, auténtico colchón de revoluciones suicidas y experimentos socialistas, está prácticamente trinchada en España gracias al sanchismo y sus adláteres.

Que la mayoría de la juventud prefiera ser funcionario a tener su propia empresa es un síntoma alarmante de la eficacia de estas políticas que he mencionado. Decía Antonio Banderas en una entrevista concedida a «El Hormiguero» que, mientras en los EE. UU. los alumnos de las universidades pensaban en emprender un proyecto propio, en España la mayoría de los jóvenes lo que querían era sacarse una oposición y ser funcionarios. Añado que el error de este tipo de jóvenes es de dimensiones estratosféricas, porque no es el Estado quien crea la riqueza, son las empresas, los emprendedores, los trabajadores, en fin, los que participan de la economía real y cotidiana, esa en la que circula el salario directo e indirecto y en la que se promueve la prosperidad. Claro que la consecuencia de todo esto, y volvemos a lo de antes, es una clase media robusta y sólida y eso no interesa a la izquierda sanchista, que prefiere un país de ricos y pobres, sin colchón amortiguador, lo que le da carta blanca para hacer demagogia. Evidentemente, si los pobres dependen de una paguita, una subvención o, directamente, trabajan para papá Estado —la izquierda confunde estado y partido, como es harto conocido— miel sobre hojuelas.

Sánchez ha hecho crecer la burocracia enormemente, pero tengamos claro que el mal viene de lejos, de aquel siglo XIX de las cesantías, en el que los nuevos que llegaban al Gobierno echaban de sus despachos a los que había colocado el anterior para sustituirlos por los suyos, los adictos como se denominaban entonces. Las Comunidades Autónomas, de las que tendremos ocasión de hablar más detalladamente, han sido el paroxismo de esta idea. Esa excusa torticera de acercar la administración al administrado, basándose en el concepto de proximidad unida a la de reconocer Dios sabe qué «hechos diferenciales», ha permitido que el monstruo de la gente que acude a un despacho —si es que en realidad es así— para no hacer nada productivo sea inmensa.

Las leyes, reformas, añadidos, reglamentos, normas y demás palabrería que solo sirve para poner palos en las ruedas a la marcha de la economía y la sociedad es tan grande en nuestra patria que la motosierra de Milei se quedaría chica ante la selva de cosas a recortar.

El complejo de inferioridad patológico del sanchismo

Reflexionando acerca de los *comos* y los *porqués* del sanchismo, considerando al mismo como un corpus que contiene arrebujados conceptos tan distintos como el comunismo, el separatismo más rancio, ultraderechista, xenófobo y racista, sumado a las extravagancias *woke*, creo que existe una patología —puesto que sanchismo y enfermedad social se me antojan la misma cosa— que puede definir a estas gentes: el complejo de inferioridad. Porque se sienten inferiores a sus adversarios y echan la culpa a la derecha de todo aquello que vaya mal, incluso de los errores que comete el Gobierno de Sánchez. Y, ciertamente, son inferiores en lo moral, en lo ético, en lo humanista del término. Aunque no se cansen de afirmar que durante el franquismo las mujeres o los hijos de obreros no podían estudiar, y da igual que pongas delante de sus narices las estadísticas que afirman que el acceso a las universidades de los hijos de la clase trabajadora durante los cincuenta-sesenta fue tremenda en comparación con toda nuestra historia, lo cierto es que experimentan una insana envidia brutal hacia la gente que se ha esforzado en obtener un título. Es la misma pulsión que sienten hacia aquel que ha prosperado en los negocios, o en su profesión, o incluso en su vida personal. El sanchismo es envidioso por naturaleza diría que casi fatalmente, porque no puede ser otra cosa.

Y no es defender al franquismo que, además, no fue uno sino muchos porque no es lo mismo el franquismo mientras el Eje mandaba en Europa, que el de los años cincuenta hasta el pacto con EE. UU., que el desarrollismo de los años sesenta, que los últimos cinco años del régimen. Es que la historia es como es y no como le gustaría a este o a aquel.

En sus cenáculos izquierdistas, con un elitismo tremendo, solo se admite a aquellos que, a pesar de poseer títulos académicos y méritos notables, se hayan entregado a la orgía de loas al caudillo Sánchez y hayan hecho de su causa la suya. Que en la mayoría de esos casos la adhesión sea impostada y, por tanto, mendaz, les importa un adarve. La satisfacción cuasi orgásmica que experimentan subidos al pódium del ganador sin haber siquiera participado en la competición es su anhelo porque, digámoslo ya, además de envidiosos y acomplejados, son unos redomados vagos.

El éxito que conlleva el esfuerzo basado en las condiciones y méritos individuales es para ellos poco menos que herejía. Les horroriza rozar siquiera la excelencia porque saben que ese espejo les mostraría su imagen real, la de unos seres deformados por su propio y monstruoso ego y sus abundantísimas limitaciones intelectuales. No es un tema menor que estén igualando a los escolares por abajo, dando igual si estudias o no, si apruebas o no o si sabes o ignoras. La igualdad en la ignorancia, y eso nos lo enseña la historia, suele acabar en la igualdad en la miseria. Con una masa social acrítica, sin preparación intelectual y acostumbrada a que el desiderátum sea que te contraten en el partido o gracias al partido, la permanencia de este en el poder está asegurada.

Por eso tienen tanto empeño en falsear sus currículums, atribuyéndose licenciaturas que no poseen, Masters que jamás cursaron, idiomas que desconocen, universidades que nunca pisaron o experiencias laborales que en la vida tuvieron. Con toda una sarta de mentiras escritas en un papel —el papel lo soporta todo— pueden jactarse de ser esto o aquello, pero la verdad es que no lo son y se les nota mucho. Este es un pecado que va más allá de la vanidad y por eso antes me he permitido calificarlo como patología.

Saben que la razón pura y cartesiana no ha de acudir en su auxilio para justificar las burdas triquiñuelas que emplean y por eso jalean a quienes se parapetan tras ellas como si de El Álamo se tratase, esgrimiendo falacias como que si yo soy politólogo o economista, nuevos detente bala que, además, son más falsos que El Halcón Maltés.

Sus delirios académicos son como lo que se dice en ese film, que no en la novela, «The stuff that dreams are made of», a saber, el material con que se forjan los sueños que parafrasea a Shakespeare —María Jesús Montero puede pronunciarlo *Chéspir* y no pasa nada— y su obra *La Tempestad* de manera un poco errónea. ¿Ven? Este es el tipo de cosas que les pone de los nervios. En las tertulias televisivas donde a la silicona pectoral se le otorga categoría de cátedra y el filibusterismo sectario que repite la consigna emanada desde Moncloa como dogma de fe, si te atreves a acotar algo se les queda cara de ultrajados ante la menor muestra de cultura, de datos o de razonamiento intelectual. Porque se sale del esquema de insultos y contra insultos, ah, y ese pueril: «Y los tuyos, más». Es gente de taberna donde el vino peleón del sanchismo les anima a soltar por sus bocas las mayores barbaridades y amenazar con la botella rota a quien les lleva la contraria. A veces les he pedido que me digan quienes son los míos, porque de nadie me reclamo ni obedezco más consignas que las que emanan de mi conciencia. Debo añadir que ahí se quedan un tanto perplejos. «¿Pero cómo? ¿Este no habla por boca de ningún partido? ¡Pues apañados estamos!», leo en sus caras de monigote de feria.

Es obvio que intentan condecorarse con galardones académicos o de cualquier otro tipo que no son reales porque piensan que la gracia está en decir que tienes no sé cuentas carreras.

Un chaleco antibalas perfecto. No saben que poseer la titulación que sea tiene forzosamente que conllevar algo imprescindible en cualquier persona, máxime en un político: el sentido común y, más importante todavía, ser una buena persona. En una de esas tertulias a las que aludía hace un instante, y ante la exhibición casi pornográfica de títulos y demás papeles, yo dije suavemente que casi el sesenta por ciento de los altos cargos de los departamentos más criminales de las SS poseían el título de doctor, especialmente en derecho y carreras de letras. El silencio fue sepulcral y no les exagero. Añadí, y eso que les hablo de hace dos décadas, que prefería conversar con alguien sin titulación pero de grata palabra, una vida interesante y el siempre necesario sentido del humor que con cualquier pedante aburrido, *egomaníaco*, incapaz de reírse de nada y pagado de sí mismo por muy regurgitado que fuera de una universidad o tuviese la pared de su despacho empapelada de títulos que, en la mayoría de los casos, sirven solamente para tapar los manchones de rancia humedad intelectual de quien los exhibe. Porque más allá de las carreras y las titulaciones está la vida, señores, la vida.

Y si no has podido o no has querido estudiar eso no te impide leer, formarte, escuchar a quienes saben más que tú y, lo esencial, intentar ser, insisto, buena persona, de esas que cuando se mueren todo el mundo llora y echa en falta.

Hablamos a veces de la universidad de la vida con demasiada frivolidad, diciendo que es la excusa de los que no supieron triunfar en la universidad real, pero, ¿no estaremos excluyendo de manera injusta lo más importante en todos nosotros que es vivir? Entiéndaseme, lo que quiero poner de manifiesto es que ese afán de titulitis y de aparentar lo que no son tiene mucho de aquella moral burguesa de antaño, que enviaba a las hijas a abortar a Londres mientras los padres acudían a manifestaciones anti aborto en España. De la misma forma soy un decidido partidario de la constante autoformación del individuo, faltaría más. Pero en ella se integran muchas cosas más que saberse las materias incluidas en el temario de cualquier carrera. La educación, y que me perdonen pedagogos y profesionales de la enseñanza, debería ser renacentista, abarcando todo lo posible y, además, peripatética, huyendo de aulas que al final parecen más salas de procesamiento de enlatados que lugares donde impartir la sabiduría.

Es evidente que hablo en términos utópicos, porque para conseguir esto se le debería restituir al profesor, al magister, la autoridad que se le arrebató hace tiempo, se debería imponer la disciplina educativa en los centros, los programas deberían ser sólidos y elaborados por consejos científicos altamente preparados y, ¡helas!, debería desterrarse por completo el sectarismo político de las aulas limpiando nuestros centros de añadidos espurios dejándolos como lo que deberían ser, aulas de conocimiento, aprendizaje y dialéctica intelectual.

Ahora imagínense ustedes a los sanchistas en esos centros. Utópicos, insisto, pero no por ello menos deseables a mi modesto entender. ¿Qué harían cuando se les impusiera el deber —y el derecho— de estudiar y no lo hiciesen, suspendiendo el examen?¿Cómo reaccionarían ante un sistema socrático de enseñanza?¿Se imaginan a cualquiera de ellos teniendo que acatar con respeto el escrutinio severo de sus profesores? ¡Si la mayoría no acuden al Parlamento a rendir cuentas de sus acciones como gobernantes! No, están demasiado pagados de sí mismos como para someterse al juicio crítico de los otros, por eso desdeñan la democracia y, volviendo a la cuestión de fondo, esto es así porque temen quedar en mal lugar, temen que se vea la trampa y se note que no tienen la titulación intelectual, esa que no da ninguna universidad, para mantener un debate hegeliano, si se me permite la expresión.

Por eso, cuando vemos al ministro Bolaños mirar con esa expresión, mezcla de rabia y pánico cerval, a Cayetana Álvarez de Toledo lo que estamos viendo es la imagen de una persona acomplejada que no sabe cómo lidiar con el reto intelectual que le supone responder a lo que la diputada popular le formula.

¡Qué magnífica ocasión para que un político intelectualmente solvente pudiera lucirse! Podría hacerlo seriamente, con datos, con lógica, con pensamientos elaborados propios, pero eso es imposible porque con mentiras no se edifican razones justas; podría responderle con ironía y gracia, pero carece de ambas cosas y, cuando lo ha intentado, le sale el tiro por la culata; podría responder cualquier cosa, imitar a la avutarda en celo, imitar a Chiquito de la Calzada, ponerse una montera de torero o cantar *El cocherito leré*. Daría igual. En todos los supuestos siempre acabará quedando mal porque su envidia y su complejo de inferioridad —en este caso perfectamente justificable— lo atenazan al escaño. A lo máximo que puede aspirar es a saber que le ha evitado al jefe pasar por ese mal trago. Y como el sanchismo se fundamenta, no nos cansaremos de decirlo en estas páginas, en la idolatría hacia el líder, con eso basta y sobra.

Es cierto. Son unos acomplejados que solo saben intentar encandilar a sus votantes con juegos de magia de bajo nivel pensados únicamente para personas dispuestas a creer, si se lo dicen los suyos, que la Tierra es plana, que Trump es Satanás reencarnado o que Begoña tiene varias carreras. La misma trampa.

Los focos sociales de infección del sanchismo

EDUCACIÓN

El gran G. K. Chesterton, al que no nos cansaremos de citar, aseguraba que: «Sin educación estamos en el peligro horrible y mortal de tomar en serio a la gente poco educada». Es el castigo que pagan las naciones cuando descuidan la formación de aquellos jóvenes que el día de mañana deberán llevar las riendas de la sociedad. Si los formamos de manera laxa, poco rigurosa, sin exigencias y, por añadido, con unos conceptos falaces y sectarios poco podremos esperar del futuro. Esto lo vemos actualmente en todo Occidente, pero como de España estamos hablando ciñámonos a nuestro país, que hay bastante tela que cortar.

Siendo honestos, Sánchez ha empeorado nuestro sistema educativo, ya de por sí manifiestamente mejorable, con la introducción de conceptos y metodologías *wokes*, sectarias y poco útiles a la hora de formar un modelo de ciudadano responsable, capacitado y con los instrumentos necesarios para pensar por sí mismo y obrar según su criterio. Digamos que, además, ha permitido que en regiones como Cataluña o las Vascongadas el virus separatista se haya enseñoreado aún más si cabe de la educación en estos años llamados de Transición, eufemismo piadoso que en ocasiones se ha empleado para ocultar que en algunos aspectos se trataba más de «rendición».

Que existan conceptos, si así pueden llamarse, como «matemáticas con perspectiva de género» es motivo para ciscarse en el fielato del sanchismo y sus derivadas. Que la historia de España poco o nada tenga que ver con la realidad, que se haya desdeñado la memoria como herramienta imprescindible en el proceso de aprendizaje, que se prime más la falsa sensibilidad que el trabajo duro o que se haya impuesto lo que servidor bautizó en su día como la dictadura de la plastilina es grave, muy grave. Los centros escolares de hoy, desde parvulitos a las universidades, están basados en una puerilidad total y de ahí solo salen, en su mayoría, individuos de cristal incapaces de aceptar un suspenso, una crítica o siquiera la disciplina de realizar unos trabajos o unos ejercicios. Se rechaza el examen como método de evaluación y, como ya hemos visto, eso obedece al principio sanchista tan propio de la izquierda que se niega en redondo a que nadie ose inquirir qué sabe y qué no.

¿Quiénes son esos profesores para presionarnos con exámenes? ¿Y por qué han de existir las calificaciones? ¿No es eso un delito de lesa clase al consagrar que hay tontos y listos, vagos y currantes, inútiles y aptos? Es la igualdad por abajo, por la ignorancia, por la incapacidad. No hay que preocuparse porque ya vendrá luego papá Estado —es decir, el dinero de todos— a subsanar nuestra molicie, porque el partido nos enchufará en algún lugar o nos dará una paguita, un subsidio o algo que nos permita ir tirando y no abandonar la comodidad del vago que no aspira a nada en la vida.

Pero llegados aquí hay que hacer un alto y llamar a las cosas por su nombre: el problema del bajísimo nivel de nuestro sistema educativo salvo excepciones no nace con Sánchez. Hace décadas que el sistema educativo ha ido dando bandazos a un lado y a otro sin el menor éxito. Fíjense qué curioso: a la que llega un nuevo ministro o consejero autonómico de educación se cambia el plan de estudios. Excuso decirles si lo que cambia es el color político de quien gobierna. No hay partido ni individuo que no haya sentido la necesidad de inventar la rueda en materia pedagógica. Incluso en tiempos de Franco pasaban cosas, si no tan graves, si parecidas. Uno, por su edad, todavía recuerda el «Calendario Juliano» llamado así por el ministro de Educación en 1973, el granadino Julio Rodríguez Martínez. Duró tan poco en el cargo que los coñones del mundo académico lo apodaron «Julito el Breve», como a aquel rey llamado Pipino.

Pretendió el hombre, que creo recordar que era cristalógrafo, adaptar el calendario académico ajustándolo al año natural con un éxito perfectamente descriptible. Parece ser que hubo un malentendido entre el almirante Carrero Blanco y el Generalísimo y de ahí nació el nombramiento. Que es posible ser ministro del asunto y, a la vez, poseer capacidades intelectuales lo demostraron sus predecesores Natalio Rivas y José Antonio Yébenes.

Así que la pulsión de poner al retortero los centros educativos viene de lejos, solo que con el sanchismo todo se ha vuelto mucho peor porque, si bien los ministros insistían en organizar fechas, quitar alguna materia y añadir otras, la política educativa de Sánchez persigue algo muy distinto y terrible: anular al escolar como individuo adocenándolo con consignas, relegando los conocimientos a un segundo plano, y persiguiendo que de las escuelas emerjan no ciudadanos sino integrantes de la masa, esa masa amorfa y maleable que lo es justamente por ignorante.

Esto sería imposible en cualquier otro país en el que la noción de Estado estuviera arraigada en la sociedad y, por ende, en sus políticos. Francia, Alemania, Suiza, son ejemplo de esto que digo. La manera de educar, que puede modificarse al paso de los años por las innovaciones que vayan surgiendo en los campos diversísimos que la componen, no significa estar derribando, edificando y volviendo a derribar el edificio de la enseñanza cada vez que se cambia de gobierno o de responsable. De ahí la imperiosa necesidad de lograr un gran pacto por la educación, cosa que estamos oyendo desde el inicio de la democracia pero que nunca se ha llevado a cabo. Ese es el pecado original. Al no existir nada consolidado, los que se aprovechan de que el río baje revuelto han tenido manga ancha para campar por sus fueros e ir suprimiendo cosas que les parecían muy fachas.

Un día se cargaron el latín y el griego y los padres, que deberían ser los primeros en poner el grito en el cielo, pensaron que era un alivio porque ellos las habían pasado canutas con tanta declinación, tanta Ilíada, tanta Odisea, tanta Eneida y tanta tontería.

Luego se decidió que las manualidades debían tener mucha más importancia, porque de todos es sabido que recoger hojas secas en un parque cualquiera y hacer con ellas un mural es mucho más provechoso para los alumnos que conocer las ecuaciones de primer grado.

Ejemplos como estos lo hay a miles pero me parece sustancial resaltar el peor de todos: los profesores de tendencia zurda —son muchos, créanme, porque la izquierda siempre ha dado mucha importancia a copar escuelas, teatros y museos— sabían que eliminando el sistema mnemotécnico se cargaban uno de los elementos vertebradores de la instrucción, a saber, la capacidad de aprender algo, recordarlo, sistematizarlo y, como resultante, interiorizarlo. Si me permiten una anécdota personal recuerdo la discusión que mantuve con una profesora de primaria acerca de las tablas de multiplicar. Yo defendía, y defiendo, que la mejor manera de aprendérselas es memorizarlas mientras que aquella señora decía que no, que las tablas había que «comprenderlas». Cuando le repuse que una vez explicado que la función de multiplicar es simplemente ahorrarse un engorro de sumas, a aquella señora ahíta de pedagogía moderna casi le da un apechusque.

Así, un físico nuclear no debería recordar que mezclar según qué elementos con otros es malo, o ignorar la formulación de las leyes de la termodinámica, insistí. Me dijo que ese no era un ejemplo válido porque era evidente que, a partir de ciertos niveles, la memorización es útil.

Entonces me indigné. Lo siento, pero le dije de todo. ¿Cómo era posible que se negase al niño a familiarizarse con el cultivo de la memoria, que como todo en la vida debe aprenderse y trabajarse, para decir a renglón seguido que resulta necesaria en asuntos de calado intelectual? Eso era una dejación de responsabilidades y una muestra de incapacidad profesional porque lo evidente es que resulta más sencillo tener a una clase pegando hojas, haciendo «expresión corporal» o cantando cualquier absurdidad confeccionada pensando que los niños son tontos del culo que prepararse una materia de manera concienzuda y seria, explicarla de forma inteligible y pedagógica, examinar a los alumnos y evaluar el grado de sus conocimientos y ayudarlos cuando planteaban un problema.

Es un esfuerzo no apto para todos los seres humanos, le espeté con un cabreo homérico dejándola plantada en aquel despachito infantil, vacío de intelecto y ayuno de voluntad de enseñante.

Hasta ahora me he ceñido a lo que el actual sistema educativo, sanchista a fuer de izquierdista, insisto, salvo excepciones que tan solo podemos hallar en los centros privados, ofrece en la categoría de estudios primarios. Pero cuando damos el salto a las universidades podemos observar cómo la infiltración política ya no tan solo en contenidos si no en comportamientos hace que de ellas sea difícil salir impoluto. Así como el pájaro del Bhagavad Ghita entraba y salía de las aguas sin mojarse ni una sola pluma, el universitario que curse sus estudios en una pública y consiga terminarlos sin haberse contaminado del ideario *woke* sanchista merece que le den una medalla.

Porque nuestras universidades son auténticos campos de concentración del pensamiento en los que está prohibida la disidencia de lo que las consignas rojas marquen. Y no me refiero tan solo a que el resto de alumnos, profesores, el claustro o el rector puedan hacerle un vacío que le haga la vida imposible al universitario que pretenda razonar de manera libre y sin prejuicios; me refiero a que le puede costar lo que Pío Moa denomina, con acertadísima mala leche, «un susto físico».

Ahí tienen a organizaciones estudiantiles como *S'ha Acabat*, que defienden en Cataluña a la Constitución y a España y que continuamente ven como los autodenominados anti fascistas, siempre convenientemente encapuchados, arrasan con sus tenderetes, boicotean sus actos e incluso llegan a la agresión física ante la imperturbabilidad rayana en indiferencia de mandarín oriental de los responsables académicos. ¿Y que me dicen de la prohibición del derecho a hablar en las universidades a personas como Macarena Olona o Cayetana Álvarez de Toledo, por citar solo a dos ejemplos? ¿Los que ejercen la violencia y quienes los amparan, léanse rectores y demás, osan tildar de fascistas a las víctimas de su intolerancia? Tengo experiencia suficiente en este sentido como para poder afirmar que ni todos los profesores universitarios ensalivan *paulovianamente* con Pablo Iglesias ni con Puigdemont o con Bildu. Ni mucho menos. Pero existe la *omertá*, ese silencio impuesto en el que nadie se atreve a significarse porque la docencia en nuestras universidades es difícilmente alcanzable, requiere de muchos sacrificios y esfuerzos, de mucho quemarse las pestañas, y nadie quiere ejercer de héroe.

Es comprensible, porque con lo que cobran no puede esperarse de ellos una resistencia como la de Numancia o la del general Moscardó. Hay quien se refugia en realizar trabajos muy concretos que no molesten a nadie, hay quien se limita a cumplir con el temario prescindiendo de una tropa de alumnos cada vez más indisciplinada, respondona y, cuidado, cada vez con más elementos agresivos capaces de rajarte las llantas del automóvil o de cosas peores. Lo digo porque lo he visto.

Nadie se quiere mojar porque, y si esto lo preguntasen en una encuesta a los profesores de universidad veríamos sorprendidos el resultado, a lo que aspiran los más veteranos es a llegar a la jubilación y dejar aquellos lugares de intoxicación ideológica atrás, muy atrás; otros, los más nuevos, quieren ganarse la vida y tragan con lo que les digan; algunos, que los hay, emplean la universidad como plataforma para su propio ego, bien obligando a sus alumnos a que compren sus libros, bien —este es el caso más sangrante— para catapultarse a la política.

No son casos aislados ni mucho menos y tiene lógica que exista ese trasvase porque se trata tan solo de moverse de un ámbito *procusteano* a otro sin solución de continuidad. No hay diferencia entre someterse a la disciplina y ambiente *manu militari* que impone un rector a hacer lo propio en un partido donde quien sustituye a este es el secretario de organización. Es una hedionda pescadilla que se muerde la cola.

Cuando escucho de vez en cuando alzarse alguna voz exigiendo que las universidades deberían tener un contacto directo con las empresas siempre digo que eso ya existe, porque ¿qué mayor empresa existe en España que la política? ¿Dónde se puede llegar a lo más alto sabiendo menos? ¿En qué otro lugar la indigencia intelectual, los fallos morales, la idiocia y el analfabetismo se recompensan más que en los partidos políticos, singularmente en el sanchismo? Ahí tienen ustedes como uno de los principales aspectos a sanear en nuestra patria es este mundo estudiantil al que le sobran revolucionarios de pacotilla y le faltan sabios de verdad.

Claro que los sabios desprecian a los ignorantes de mala fe y ni dan comisiones por debajo de la mesa ni proporcionan cargos en vergonzantes consejos de administración ni mucho menos pueden enchufar a tu prima o a ese hijo tonto que Dios te ha dado por condena en algún lugar en el que no se trabaje nada pero se cobre mucho.

CULTURA

«Cuando oigo la palabra cultura, echo mano de mi pistola». Esta terrible frase, atribuida a personajes varios como Göring o Goebbels, procede de la obra de teatro, *Schlageter*, escrita por otro nazi, el dramaturgo Hanns Johst. Está dedicada a un «mártir» nazi, Albert Leo Schlageter, responsable de varios actos de terrorismo en la cuenca minera del Ruhr en 1923, entonces ocupada por Francia. Lo condenaron a muerte y fue ejecutado. Uno de sus camaradas, Martin Bormann, tuvo mejor suerte: de los diez años que le cayeron cumplió solamente uno y salió para llegar a ser la eminencia parda de Hitler. «*Wenn ich Kultur höre... entsichere ich meinen Browning*» es la frase original, mucho más descriptiva: cuando oigo hablar de cultura, le quito el seguro a mi Browning.

Esa actitud con respecto al hecho cultural, erradicar toda manifestación artística o intelectual que no se acomode al pensamiento totalitario del régimen, es común a las dictaduras. Si comparan ustedes, por vía de ejemplo, las pinturas aceptadas por las autoridades del Tercer Reich que se exponían como máximo honor en la «Casa del Arte del Reich» con las que en la URSS de Stalin decoraban el Kremlin, los museos o los murales verán sospechosas coincidencias. El «realismo socialista» no tenía nada que envidiar a las obras nazis en cuanto a concepción, ejecución y conceptos. Ambos regímenes también tenían la misma actitud con el teatro, la literatura, cualquier obra fruto del artista. Si servía al propósito del régimen, bien; si no, se eliminaba la obra y, frecuentemente, al autor.

Era la versión a lo bruto de lo que ahora se denomina piadosamente «cultura de la cancelación», como si la proscripción de un artista pudiera ligarse con la cultura.

Ni que decir tiene que el sanchismo, hijo de los totalitarismos marxistas, se ha cebado en esa censura cultural. Pero, siendo honestos, no es cosa de ahora. Los socialistas, y la izquierda en general, ha sido siempre muy inteligentes en lo que respecta a convencer a las masas acerca de quien es y quien no es artista y que debemos considerar cultura y que no. El instrumento empleado, máxime en un país como España, ha sido siempre el de la subvención con dinero público y la propaganda a través de determinados medios de comunicación ligados al PSOE y el PCE.

Algunos suplementos pretendidamente culturales de ciertos diarios han perjudicado muchísimo a la cultura. Lo que no aparecía en ellos, no existía. Me lo dijeron hace muchos años en la vicepresidencia del Gobierno cuando mandaba Felipe González: lo que no se comunica, no existe. Por tanto, lo comunicado cobra forma real, aunque sea puro humo. No es de extrañar, por lo tanto, que la lista de ese colectivo que denomino «los abajo firmantes», siempre prestos a secundar con su nombre cualquier estupidez emanada de la izquierda, encaje perfectamente con el apoyo de las instituciones gobernadas por los zurdos, léanse contratos jugosos, presencia en televisión, honores, ditirambos e incluso en ocasiones institucionales.

¿Qué tiene todo eso que ver con la cultura? Evidentemente, nada. Es propaganda sin más. Cuando a un creador se le enjuicia por su ideario y no por lo que crea se comete el mayor de los pecados. Pero la izquierda ha sabido, insisto, explotar muy bien esa patente de corso que la derecha, siempre blanda en estos combates intelectuales, no ha querido arrebatarle.

Así, si usted dice que Neruda es un estalinista de tomo y lomo que, dejando a un lado esa siniestra condición, escribió magníficos versos lo van a poner a de chupa de dómine; lo mismo que si reivindica la poesía de Ezra Pound, porque aquí sí que le sacarán la ficha política del desgraciado poeta inglés que simpatizó con el fascismo de Mussolini. Con la polémica, artificial como todo con Sánchez, del Valle de los Caídos sucede lo mismo. Las esculturas de Ávalos realizadas para ese lugar tienen una calidad y un mérito escultórico indiscutible. Pero como las encargó Franco no valen nada. Hay que carecer de criterio artístico para ningunear la *Piedad*, escultura enorme que preside la entrada a la cripta de la Basílica o las colosales esculturas que representan a los cuatro arcángeles. Nada, puro fascismo. Hay que resignificarlo todo. Pero cuando se exige que se quite la escultura de Largo Caballero —horrorosa, para mi gusto— que está delante de los Nuevos Ministerios, toda la izquierda salta como un solo hombre y ponen el grito en el cielo. Bueno, o en el comité central, que para ellos es lo mismo.

Todo esto nos lleva a concluir que la cultura para esta izquierda actual, tan partidaria del feísmo y lo grotesco, no es más que un pretexto para censurar, para silenciar, para eliminar de nuestro campo visual aquello que no surja de sus mentes enfebrecidas. Sostengo que detrás de eso existe, además de lo espurio políticamente hablando, una incapacidad cultural de comprensión del arte. Les pondré un ejemplo. Cuando la Orquesta Sinfónica de Israel decidió finalizar el boicot a Wagner imperante en el estado judío después de treinta y cinco años, se organizó la de Dios es Cristo. Fue el gran director de dicha orquesta Zubin Mehta quién lo decidió, anunciando por sorpresa que dirigiría un concierto con fragmentos de la ópera *Tristan e Isolda*. El auditorio Manna de Tel Aviv se llenó hasta la bandera a pesar de las protestas, alguna incluso de un par de músicos. El director dijo: «Ustedes me conocen y no necesito demostrar mi amor por Israel. Comprendo los sentimientos de aquellos que pasaron por los campos de concentración. Pero Israel es un país democrático. Quien no quiera escuchar a Wagner puede abandonar la sala». Ni que decir tiene que la gente lo entendió y disfrutó de la música, que no del autor, diferencia que nadie parece entender en la izquierda.

Ese es el gran problema, diferenciar entre el creador y lo creado. Y en estos tiempos en los que el concepto artístico y cultural se han diluido en una masa de auténtica perversión de lo bello, todavía es más complicado decidir.

Pero esto, que debería ser una elección del individuo, molesta enormemente al sanchismo que quiere que todo sea organizadamente masificado, incluso los gustos culturales. Nada puede escapar del control del estado vigilante y si hay un lugar que exija una libertad total ese es el de la cultura. Por eso se intenta comprar a sus protagonistas y sepultar a quienes manifiestan oposición.

Ahí tienen el caso de Nacho Cano, al que difícilmente se le puede negar su talento como compositor, y que ha sido víctima de una insidiosa campaña de desprestigio con la excusa de unos becarios en su obra *Malinche*. El motivo real es que el músico y la presidenta madrileña Isabel Díaz Ayuso son amigos y el primero no se ha cortado un pelo en alabar en público a la que muchos consideran la auténtica líder del PP. Bien, pues por eso se lo llevaron detenido aludiendo a esas presuntas irregularidades que luego fueron negadas por los propios supuestamente afectados.

Cano, firme, no dudó en denunciar la persecución política en su contra que en este caso dio un paso más, la detención policial. ¿Qué distancia existe entre eso y meter en un Gulag a los intelectuales contrarios? Yo se lo diré: poquísima.

La cultura entendida como manifestación de una sociedad, de un tiempo, de un sistema de valores, de una nación, en suma, está por lo tanto en grave peligro en España. Todo un rebaño de borregos amamantados por los impuestos de los españoles se permiten obras sectarias que insultan a la mayoría de los españoles que, lógicamente, no acuden a verlas ni en cines ni en teatros.

Que se financie con sumas elevadas *films* que solo irán a ver un puñado de amigos en un país donde la gente pasa auténticas necesidades es de vergüenza ajena. De entrada, la cultura debe tener mecenas y el artista ha de saber buscarse la vida para convencer a posibles espónsores. Lo de la cultura subvencionada no es más que fomentar la vagancia intelectual y el servilismo disfrazado de arte. No negaré que existen proyectos en los que el Estado puede y debe intervenir, pero esa intervención debería servir solamente como acicate para que desde la iniciativa privada pudieran sumarse otros, los grandes inversores. Cuando hablemos de los medios de comunicación verán cómo hay productoras de televisión que sin el apoyo político correspondiente deberían cerrar mañana mismo.

Duele ver postrada a la cultura española y al borrado de tantos y tantos nombres. Cuando se proscribe a Pemán, a Foxá o al enorme Josep Pla, el más odiado escritor catalán por los separatistas siendo el mejor prosista en dicha lengua del siglo XX, uno se pregunta en manos de quien estamos.

Cuando la cultura se pone la etiqueta de oficialista y adopta un color deja, automáticamente, de ser cultura. No hay artistas rojos, azules, verdes o grises. Hay simplemente artistas buenos y malos, e incluso eso dependerá del ojo del espectador. Pero seríamos unos ingenuos suicidas si no advirtiésemos que, tras este proyecto de ingeniería social en materia de cultura, existe un propósito claro y sucio: aprovechar el ámbito para desacreditar todo lo que conforma nuestro corpus histórico.

Todo gira siempre, y no es casualidad, en la ridiculización de lo sacro, lo patriótico, lo tradicional. ¿Los pasos de Semana Santa? Una reminiscencia fascista de una Iglesia, la católica, podrida, abusa niños, caciquil, responsable del atraso intelectual de la masa, opresora y siempre partidaria de los ricos. Eso no es cultura. En cambio, pasear una vagina gigantesca remedando una procesión y recitar poesías a la santa vagina sí es cultura.

¿Hacen lo mismo con otras confesiones religiosas que también existen en España y me refiero específicamente a los que profesan su fe en Alá? ¿Señalan que en los países islámicos puedes casarte con una niña de nueve años o por obligación con quien te diga tu familia? ¿Se muestran combativos sobre el maltrato a las mujeres o dicen siquiera una frase cuando ven ahorcar a homosexuales de grúas en Teherán? ¿Se conoce que Wyoming haya parodiado alguna vez a un imán, la peregrinación a la Meca, el Ramadán o que la mujer deba caminar detrás de su marido siempre? ¿Cuántos gags sobre el nicab o el burka han visto en los programas de Broncano o Buenafuente, por poner tan solo dos ejemplos? Libertad de expresión pero solo contra un lado y no contra todos. Cultura es lo que yo te diga y no lo que tú creas. Bromear sobre los «señoros» es correctísimo y te da premios; hacerlo sobre el feminismo *woke*, no.

Existe ahí una censura, algo que es incompatible con la misma esencia el hecho cultural, que en cualquier otro país haría poner el grito en el cielo a la gente. Aquí lamentamos cuando los criminales yihadistas asaltaron y masacraron a la redacción del semanario satírico *Charlie-Hebdo*, mientras festejamos jocosamente las infamias que los semanarios de humor sacan semanalmente contra la Corona, la Iglesia y los líderes de derechas. Hoy en día a Arturo Fernández, que siempre vivió de la taquilla de sus obras y jamás. ¡jamás!, fue subvencionado le sería imposible actuar porque se le tildaría de machista, de eso que he dicho antes, «señoro» y tendría piquetes de *femi wokes* delante del teatro a diario.

Excuso decirles lo que dirían de Lina Morgan, Lola Flores o Miguel Fleta, uno de los mejores tenores que ha dado España y que era falangista. ¿Podría venderse hoy sin problemas un libro de Vizcaíno Casas? ¿O de Álvaro de La Iglesia? ¿Se puede enviar a la policía para impedir que un grupo de católicos recen el rosario en Ferraz mientras se permite que miles de musulmanes colapsen las calles en el Ramadán?

Aunque parezca que nos hemos alejado del tema cultural no es así, porque las manifestaciones públicas forma parte de la tradición y, por ende, del acervo cultural de una nación y si cercenas una parte acabas cargándote la totalidad. ¿O creen que ser antitaurino en la izquierda obedece a un sincero amor por los animales, que comprendo y respeto? De eso nada.

Si la izquierda *woke* es anti taurina es porque los toros son la Fiesta Nacional, son España y ahí es donde les duele. En su ignorancia desconocen que uno de los mayores aficionados al arte de Cúchares fue su icono Picasso, del que muchos tienen un póster del Gernika decorando su sala de estar sin saber, por ejemplo, que el caballo que sufre representa al caballo del picador. ¿Habría que cancelar también a Picasso? ¿ O a Goya, por sus grabados taurinos? ¿Hemingway debería estar prohibido como autor en escuelas y universidades por su tremenda afición a los toros?

Para no extenderme más, quisiera poder decir aquella sublime frase de «Padre, perdónalos porque no saben lo que se hacen». Pero no puedo porque mucho me temo que estas gentes saben perfectamente lo que hacen.

MEDIOS DE COMUNICACIÓN

Cuando Pablo Iglesias dijo que le dieran el CNI y RTVE y haría la revolución no era una de sus habituales *boutades*. Lo decía completamente en serio y debo reconocer que, bajo su punto de vista, tenía toda la razón. Lo que ahora denominan el control del relato, cosa que es más vieja que el hilo negro, se ha convertido en un imperativo de primer orden en una sociedad idiotizada con las redes sociales, los móviles y el postureo. El *enterao* de turno que antiguamente se pavoneaba en la taberna del barrio de saber «de muy buena tinta» lo que Franco decía o pensaba —¡cómo si alguien que no fuera el mismo Caudillo pudiera jactarse de eso!— no pasaba de ser un pesado que iba siempre con una copa de más y le prestaba atención tan solo algún otro bobo que, como él, quería presumir ante los parroquianos.

Hoy en día todo esto se ha llevado a un nivel estratosférico, de ahí que muchos *influencers* y fauna similar tenga un reconocimiento, posición y patrimonio inconcebible si tuviesen que ganarse la vida de una manera, digamos, más honrada.

Sé que muchos dirán que esas mismas redes son las que sirven, en muchísimos casos, de contrapeso a los bulos sanchistas, a la ideología *woke* y a sus voceros, generalmente muy bien remunerados por soltar las barbaridades que dicen. Es cierto. El periodismo se ha transversalizado desde el mismo instante en el que cualquiera, con su móvil, puede retransmitir en directo lo que está pasando; existe también otro factor positivo, el de la denuncia social sin pasar los filtros que tienen los medios tradicionales.

No es casual que el sanchismo le haya declarado la guerra a los digitales y a los, según él, «difusores de bulos de la fachosfera». El campo de batalla en el periodismo, que de eso tratamos, está en lo virtual de las RR. SS. y ahí es donde Sánchez tiene más que perder porque son los jóvenes quienes porcentualmente se informan a través de ellas, aunque cada vez sean más los ciudadanos en general los que acuden a X, por ejemplo, para informarse. Pero la mayoría de personas que llevan a cabo esta labor de oposición, y conozco a muchas, lo hacen con sus propios medios que suelen ser escasos y, por tanto, limitados a la hora de impactar en la sociedad.

En cambio, el sanchismo tiene pródiga la bolsa cuando se trata de subvencionar digitales que no lee nadie o promocionar *influencers* que solo conocen en su casa a la hora de cenar. Es luchar contra molinos de viento y, aun con estas tremendas dificultades, en casos cono la tristemente recordada DANA o el apagón de luz, la gente intentaba informarse por su cuenta; en el primer caso, las redes fueron de una utilidad extrema, en el segundo, y con la caída de la electricidad, se tuvo que recurrir a las viejas radios con pilas.

Un amigo mío, que prefiere mantener su discreto anonimato en X, decía que llegaría el día en que los resistentes al sanchismo deberíamos comunicarnos por onda corta mediante una clave encriptada y empleando el morse.

No deja de ser una exageración pero tiene su fondo de verdad. Cada vez es más difícil hallar medios de comunicación objetivos, claros, con profesionales capaces de plantarle cara al sanchismo y a todo su enorme aparato de represión informativa.

Es evidente que cualquier medio, en democracia, tiene el derecho de mantener su propia línea editorial. Nada más faltaría. Pero cuando desde el Ejecutivo se traza una línea que divide a los periodistas entre la *fachoesfera* y los periodistas serios; cuando se prohíbe, veta o expulsa a determinados profesionales de las ruedas de prensa gubernamentales; cuando se riega con dinero público a unos sí y a otros no; cuando solo se conceden entrevistas a medios afines, en suma, cuando se vive una censura informativa camuflada tras expresiones como máquina del fango, propagadores de bulos o ese mantra siempre tan socorrido de la extrema derecha habrá que reconocer que lo que entendemos como libertad de expresión no existe o, al menos, que está muy mermada.

Esto se vio con el programa *Horizonte* de Iker Jiménez en el que tengo el honor de colaborar en ocasiones. Como lo que allí se decía acerca de la DANA desde el mismo lugar donde sucedió, a pie de calle y dando voz a todos los afectados, y España entera pudo comprobar que aquello era una barbaridad que dejó abandonados a su suerte de miles de compatriotas, el sanchismo que ya le tenía puesta la proa al programa por traer a tertulianos que no son —somos— políticamente correctos decidió cargarse el formato.

¿Cómo hacerlo? Al emitirse desde una cadena privada las cosas no podían resolverse con un simple motorista con sobre. Así pues, se instó sibilinamente a que los anunciantes dejaran de aparecer en las pausas publicitarias. Se vieron cosas que jamás habíamos visto en esta profesión. Supuestos «compañeros» de gremio pidiendo la cabeza de Iker en programas de televisión. Se desató una auténtica cacería de brujas.

Pero les salió el tiro por la culata. Lejos de amedrentarse tras darse de baja un importante anunciante, ING, la dirección de Cuatro apoyó a Iker, nadie más se dio de baja, el programa resistió manteniendo la misma línea y, al final, los de ING volvieron al redil porque lo cierto es que Iker tiene una gran audiencia a pesar de que desde otras cadenas intenten contraprogramarle con todo lo que pueden. Este es un caso sintomático de lo que desde Moncloa el sanchismo puede llegar a hacer. Ahogar económicamente a un tipo de periodismo libre, sin complejos, que no toma partido y se limita a explicar lo que sucede y da voz a todo tipo de personas sea cual sea su manera de pensar. Eso se llama libertad de expresión y, por tanto, es un concepto que no puede cuadrarle a Sánchez porque libertad y sanchismo son conceptos antagónicos.

Ni que decir tiene que con el caso Ábalos, las declaraciones de Aldama, lo de Santos Cerdán y todo lo que rodea a ese siniestro asunto *Horizonte* continuó con su misma línea editorial: los hechos y luego la libertad para que las partes hablen. Pero, ¿saben qué sucede? Que los turiferarios del régimen no quieren acudir al plató para enfrentase con argumentos y datos a quienes nos oponemos a esta dictadura mediática.

Cuesta Dios y ayuda encontrar a gente de eso que llaman izquierda que quiera venir como tertuliano... Existe una razón evidente. Siendo la simbiosis entre el sanchismo y sus terminales mediáticas algo tan profundo, el mismo pánico escénico que tiene Sánchez a la hora de acudir al Parlamento, dar la cara y mantener una discusión con sus oponentes, así tienen el mismo miedo sus palafreneros. Acostumbrado al grito, al exabrupto, a no dejar hablar, a elevar el tono de voz como si fuesen las guitarras de AC/DC, a insultar y a escenificar consignas aunque sean contradictorias sin solución de continuidad, el debate educado, sereno, sin levantar la voz ni interrumpir, exponiéndose a que les lleven la contraria en un ambiente de total y autentica libertad les resulta ya no incómodo, sino mortal. Sus neuronas no dan para más. Son incapaces de escuchar porque llevan el disco grabado de casa y van a este tipo de formatos a soltar su rollo, que para eso son mantenidos y colocados del sanchismo, y su capacidad dialéctica es completamente nula. Igual que quien los patrocina.

Y si no hay dialéctica el discurso monocorde, plomizo, aburrido e inevitablemente estéril se apodera de la pantalla y el espectador cambia de canal, que es la cosa más fácil del mundo.

Un programa como fue aquella maravilla llamada *La Clave*, del gran José Luís Balbín, QEPD, sería casi imposible de llevar a cabo hoy en día. Lo único que se le parece es, justamente, *Horizonte*, donde personas de ideologías distintas pueden hablar civilizadamente sin que eso suponga cesión alguna ni abjuración de lo que piense cada uno. Pero se hace desde el respeto, desde la información e incluso desde el sentido del humor, que unido al *fair play* de Iker y Carmen Porter —imprescindible mi Carmen— da como resultado lo que el espectador puede ver en pantalla.

Si me extiendo tanto acerca de las tertulias es porque las considero el termómetro de la calidad y libertad de los medios. Lo que pasa a día de hoy en España no es nada nuevo para un catalán que, como yo, lleva años y años viendo TV3. Allí adoptaron un sistema particularmente perverso que el sanchismo ha copiado, como tantas otras cosas para nuestra desgracia, del separatismo catalán.

Se lleva a tres tertulianos, por poner un ejemplo, rabiosamente separatistas aunque con matices: uno de extrema izquierda, otro pro Gobierno de la generalidad y el tercero tan separata como los anteriores pero hábilmente camuflado tras un cargo como el de catedrático de Historia. Y frente a ellos se dispone, como víctima propiciatoria, a alguien que defienda España, el español, la Corona, las instituciones y todo eso que en mi tierra está prácticamente desterrado a día de hoy. Lógicamente, el que defiende todo esto acaba acogotado ante el *bullyng* dialéctico de sus tres adversarios a los que siempre acaba sumándose el presentador de la tertulia. O sea, cuatro contra uno. Comprenderán que eso, en un medio que pagamos todos los españoles, es inadmisible. Pero hace décadas que funciona; con Pujol, algo más disimulado, ahora a calzón quitado.

Sánchez ha hecho lo mismo. Tanto en RTVE como en cadenas afines como la Sexta se trata de llevar a rabiosos y furibundos partidarios del sanchismo y meter entre ellos a un pobre constitucionalista que pasaba por ahí. Es un ejercicio de pim pam pum que ignoro si gustará a los muy cafeteros pero que deshonra a los que lo practican.

Esa misma táctica, la de hacer aparecer como mayoritaria la opinión del poder —de nuevo el fatalismo que pretende convencer a quienes se oponen que no hay esperanza porque están solos— se traslada a los contenidos de otro tipo de productos en teoría más inocentes, siendo sus destinatarios colectivos que deberían estar blindados ante la perversión ideológica como los niños. Si cuando hablamos de educación ya hemos visto como se inocula desde la más tierna infancia el pensamiento *woke* a los críos, en los medios sucede lo mismo.

Nada se salva. Anuncios donde aparece reflejado el ideal *woke* de la mujer —si es que a eso puede llamarse ideal— donde el feísmo y el hembrismo son marca de fábrica; tele series en los que la falsa corrección política surge aquí o allá en forma de frases dejadas caer como el que no quiere la cosa; entrevistas constantes y machaconas a los mismos de siempre, los que conforman la élite del sanchismo y, por descontado, una total y absoluta marginación de lo demás. Ni un programa de historia riguroso sobre la guerra civil que explique lo que pasaba en los dos bandos, con historiadores imparciales y dejando a un lado política y sectarismo; ni un programa cultural en el que tengan voz todos, repito, todos los artistas y creadores de España sin distinción de ideología; ni un solo informativo serio, ajustado a la realidad, imparcial; en suma, eso que dicen siempre —lo escucho desde que empecé en los medios hace ya cuarenta años— de parecerse a la BBC. Y un jamón con chorreras. Los medios públicos españoles, insisto, que pagamos entre todos, están tan lejos de ser la BBC como Vitigudino de la constelación de Orión.

En los privados —que también pagamos los españolitos aunque por la vía de nuestros impuestos que el sanchismo transforma en jugosas subvenciones o la inserción abultada de publicidad institucional— sucede un poco lo mismo. Todos los diarios quieren ser el *Washington Post*, el *Times*, el *New York Times*. Algunos, más leídos o snobs, pretenden ser *Le Monde*, el *Frankfurter Allgemeine*, *Il Corriere* o *Der Spiegel*. Pero aunque aquí nadie esté libre de pecado, tienen que comer mucha sopa para llegarles a la suela del zapato. Solamente entre los digitales —y de ahí el odio que les profesa Sánchez— pueden encontrarse algunas islas de libertad, veracidad y pluralidad.

Será difícil ganar el desigual combate entre medios subvencionados y medios libres, pero como hemos señalado el terreno de juego ha cambiado y ahora cualquier ciudadano puede grabar lo que pasa, los hechos, lo real, en definitiva, la base de todo periodismo que se precie. Cierto es que los sanchistas niegan la mayor e incluso cuando les pones las imágenes delante de sus narices buscan la salida trapacera del trilero, pero estas maniobras suelen ser de vuelo gallináceo y acaba por imponerse el hecho.

Dato mata relato, se dice ahora. Y en la cruenta batalla de los medios no hay otro camino que opinar libremente y facilitarle a la población lo que de verdad pasa y no las versiones edulcoradas y mendaces que el sanchismo, en la mejor tradición dictatorial, ofrece cada día a su ejército de periodistas. Merece la pena, y permitirán que lo diga uno que ejerce el periodismo desde la trinchera que el sanchismo bombardea inmisericordemente a diario.

MOVIMIENTO ASOCIATIVO

Me adelanto, abro el paraguas, y afirmo que en España el noventa por cierto de lo que llamamos movimiento asociativo y que, en teoría, debería ser la representación organizativa de la ciudadanía, amén de los partidos políticos, está manipulado por estos. En la mayoría de los casos son meros chiringuitos en los que dar acomodo a aquellos que no lo encuentran en las innumerables oportunidades que tienen los integrantes de la partitocracia para satisfacer a sus acólitos con un buen sueldo para tenerlos callados y obedientes. Total, la fiesta la pagamos todos con nuestros impuestos.

En otros, son auténticos caballos de Troya al servicio de los intereses del partido de turno que los empleará cuando mejor le convenga, siempre en contra de sus rivales. Pero esto, que ha sido siempre así desde la Transición —lo conozco bien porque fui veintitrés años militante socialista y me sé al dedillo como organizar con el partido detrás todo tipo organizaciones de todo tipo, de consumidores a ecologistas pasando por vecinales, culturales, regionales e incluso de intelectuales— con la llegada de sanchismo se ha llegado a un extremo de paroxismo que era imposible hace años.

Dichas «asociaciones», que pretenden representar los intereses variopintos de la «gente de la calle», la *ordinary people*, obedecen las consignas emanadas desde Ferraz o Moncloa, que son la misma cosa igual que lo haría una agrupación del partido, un sindicato «de clase», dicen, o cualquier socialista que tuviera su solemne y redondeado trasero alquilado al parné de los del puño y la rosa. Jamás han sido auténticamente populares.

La prueba del algodón es sencillísima. Miren quienes las dirigen, las consignas que defienden, cuando se movilizan y cuando se quedan más mudas que una puerta y si su discurso difiere radicalmente del oficialismo sanchista. No encontrarán diferencias, si acaso algún leve matiz para que el trampantojo no se note demasiado. Porque ese movimiento asociativo no es más que una serie de arietes ideológicos que se emplean contra los adversarios al régimen social comunista de manera contundente, sin que medie en ello el menor interés público. Tamaña instrumentalización es brutalmente descarada y basta repasar lo que reciben de los fondos públicos por diversas vías para comprobar hasta qué punto la ciudadanía, ajena a estos procedimientos, suele caer en el engaño. De ahí que me atreva a decir algo que sin duda escocerá a muchos, pero es la verdad: en España no existe causa que el sanchismo no aproveche en su beneficio valiéndose de esos instrumentos que pretenden aparecer como desvinculados de la partitocracia siendo así que, en la mayoría de los casos, son su más eficaz instrumento.

Forman parte de esa Quinta Columna que se disfraza de reivindicación ciudadana siendo todo lo contrario, puesto que solo lo es de un partido. Siempre remando a favor de obra, siempre redactando manifiestos apoyando lo *inapoyable*, siempre criticando todo lo que sucede allá donde gobierna la derecha y callando, e incluso disculpando, lo mismo en lugares donde es el sanchismo quien detenta el poder. El ejemplo más sangrante es el de los muertos en las residencias, del que han hecho un repugnante espectáculo político-necrofílico en contra de la presidenta Ayuso, como si no hubiera más fallecidos en España que los de Madrid. Lo digo con enorme dolor puesto que intentar aprovecharse políticamente del drama de la muerte de un familiar es repugnante. Claro que, si a eso vamos, el sanchismo es repugnante por definición, por metodología, por esencia. Dignos herederos de quienes les precedieron en aquella República que Dios confunda. Nada nuevo bajo el sol, pues.

La novedad estriba en que Sánchez ha imitado el modelo separatista, que tiene subvencionado y con gente de su confianza al frente al asociacionismo catalán. Asociaciones vecinales, culturales, ecologistas, feministas, pedagógicas, todo está subyugado por la égida de la *estelada* ya desde tiempos de Pujol.

Y cuando surge el otro asociacionismo, el de verdad, queda sepultado por falta de financiación y ninguneo de los medios, restando como islotes solitarios y sin capacidad de plantar cara a los sobornados por el sistema. Eso mismo hace Sánchez, que tiene bajo sus garras a todo lo que es el movimiento de asociaciones. Han de saber que el aparato del partido socialista, desde los tiempos de Felipe y Guerra, tiene una división estratégica de cara a una acción política más operativa y, por descontado, encubierta. Vale la pena explicarlo porque así se pueden entender mejor cosas que el ciudadano de a pie no tiene por qué saber, pero que resultan altamente ilustrativas cuando se destapan ante los ojos de la ciudadanía.

Por una parte existe la parte institucional del partido, léase Gobierno de la nación, Congreso y Senado, Gobiernos autonómicos, Ayuntamientos y demás organismos de representación pública; en el partido se estructura por secretarias, aunque todo obedezca a la misma consigna: municipales, autonómicos, parlamentos regionales, Congreso, Senado, etc. Hasta ahí lo evidente. Dichas secretarias no precisan de más que de una férrea coordinación y acatamiento a los mensajes que se reciben por parte de la cúpula, variando estos en función de la institución que se trate y los intereses que el partido tenga allí. Al no existir la libertad de voto ni la figura del diputado por circunscripción, los electos al Congreso tan solo tienen que apretar el botón que se les indique y cuando se les indique.

¿Recuerdan la escena del magnífico film *El instante más oscuro* en el que, tras un vibrante discurso de Churchill todo el partido conservador está pendiente de que su líder, Neville Chamberlain, saque el pañuelo y se seque el sudor para ovacionar al colosal Winston? ¿Y que cuando, finalmente lo hace para desesperación de Halifax y los cobardes partidarios del *appeasement* con Hitler, los conservadores estallan en una ovación rugiente? Pues así va la cosa. Como me dijo en cierta ocasión un curtido veterano socialista, diputado varias veces y con más cara que espalda «Oye, tú, hay que votar lo que diga el partido. Y el que se sienta crítico que se vaya y se ponga a trabajar, a ver si se acuerda». Yo añadí: «A trabajar, pero honradamente», a lo que aquel cernícalo me contestó con una grosera y estruendosa carcajada diciendo: «*No fotis, home*, eso aquí no lo sabemos hacer ninguno y si alguno sabía se le ha olvidado». Era catalán, obvio.

Por seguir con Cataluña, que es el caso que conozco mejor, al PSC le puede convenir pactar la Diputación de Barcelona con Puigdemont pero, por el contrario, acordar el Gobierno de la generalidad con Esquerra sin que exista la menor contradicción. Porque de lo que siempre se ha tratado es de mantener en manos del partido el control del poder. Lo mismo que vemos en el Congreso, donde unas veces se pacta con Bildu, otras con Junts y otras con quien sea, menos con la derecha.

Esa geometría variable es un método que al estudioso de la politología no puede asombrarle. Sánchez puede pactar con todos, con todos menos con la derecha aunque Feijóo haya caído en no pocas trampas de «acuerdos de Estado» con el monclovita. Pero la línea roja, Sánchez la tiene, de momento, que con este nunca se sabe, con VOX.

Porque sabe que en el caso de los de Abascal iría al choque frontal. La evidencia histórica nos demuestra que los famosos cordones sanitarios no son más que excusas para no dejar que partidos ajenos a la praxis sanchista metan sus narices donde nadie los llama. ¿Pablo Iglesias en el comité que controla al CNI? Claro que sí, *guapi*. ¡Tardá, separatista acérrimo —aunque de todos quizá sea el más honesto y buena persona— también? ¿Los de Bildu y los de las CUP dicen que ellos quieren estar? Pues venga, nos apretamos más en las sillas, que aquí cabemos todos. Terrible paradoja: quienes secuestraron a Ortega Lara, de VOX en la actualidad, o amenazaron de muerte al padre de Abascal y a él mismo, también de VOX, son unos indeseables con los que hay que gritar un *Vade Retro* vigoroso. Como ejemplo de hasta qué punto se ha tergiversado la historia y la escala de valores —y también de qué es en realidad el sanchismo— les cuento brevemente un sucedido. En un programa de televisión mi admirado Antonio Naranjo, uno de los mejores periodistas que hay en España, decía que no podía compararse a Abascal con Otegui y una *quídam* sanchista que *habla* porque Dios le dio boca —y no me tiren de la lengua— le decía que era mucho peor ser un fascista que un exterrorista, a lo que Antonio, con los ojos como platos, le espetaba «¿Pero tú crees que es mejor el tiro en la nuca que ser el líder de un partido legal, fiel a la Constitución y sin las manos manchadas de sangre?» y la otra, acaso por el bótox, que es mala cosa pues perjudica mucho al organismo, seguía terne que terne con el mantra de «Claro, según tú es mucho mejor ser un fascista y blablablá». Fin del inciso que me resulta harto revelador de lo que hay tras las portavocías sanchistas.

Volviendo a ese otro peligrosísimo partido de la derechona, según el sanchismo, que es el Partido Popular debemos decir una cosa a fuer de honestos: los pactos que el PP ha hecho con Sánchez, léase el del Tribunal Constitucional con unos resultados perfectamente descriptibles, y otros en terrenos importantísimos para la nación no dejen de asombrarnos. La política de Estado, que sería lo aconsejable en un país que no estuviera aquejado por la partitocracia y con un sanchismo totalitario, deviene como algo imposible de conseguir. Sánchez lo quiere todo sin dejar ni una migaja a nadie. Pactar con Sánchez es, recurriendo a san Agustín, querer vaciar el mar con las dos manos.

Así sucede, volviendo al tema de este apartado, con el movimiento asociativo. ¿Alguien duda que en el PP o en VOX no existan feministas?¿No hay mujeres en dichas formaciones que quieran igualdad salarial, profesional, que piensen que hay que promocionar al más capacitado y no apartar a un lado a la mujer porque puede quedarse embarazada? Es evidente que las hay y que el feminismo que preconizan es sensato, correcto, el que tiende a la igualdad. Yo les pudo presentar a cientos de ellas. Pero con estas auténticas defensoras de los derechos de la mujer, de la que se habla mucho en el sanchismo acerca de su cuerpo y muy poco de sus sueldos, de sus necesidades económicas, de su situación en esta sociedad tecnológica. Ellas reclaman ser libres e iguales que nosotros, los hombres, igual que reclaman que todos los españoles, hayamos nacido en el lugar de España que sea, tengamos los mismo derechos y obligaciones. Reivindicaciones, por cierto, que no me suenan para nada a derechona rancia y casposa de señorito, y perdonen la interrupción. Sánchez no nos quiere ni libres ni iguales, y por eso subvenciona y dirige bajo mano, por seguir con el feminismo, asociaciones totalmente descabaladas que abanderan el *wokismo* como consigna feminista siendo que, con esa defensa de lo *trans*, lo que hacen es marginar todavía más a la mujer y su papel en la sociedad. ¿Es igualdad que un pavo de Minnesota de dos metros diez y cien kilos se ponga a disputar, no sé, un combate de boxeo con una púgil femenina de metro setenta y cinco y cincuenta kilos de peso? Ah, pues hasta hace poco si el pavo decía que ya no era eso y que ahora era pava, el feminismo orate *wokista* decía que sí, que vale, que adelante con los faroles. El mejor ejemplo de que esas cosas son una barbaridad es que muchos países de esos super mega progres que habían caído en la trampa *woke* estén ahora tascando el freno a marchas forzadas, aunque el mal, singularmente entre los más pequeños, ya esté hecho.

El sanchismo, seguidor del *wokismo*, ha pretendido hacernos creer que una criatura de seis años tiene derecho a cambiar de sexo con lo que esto comporta de ser un esclavo toda la vida de hormonas y demás productos, eso sin mencionar la mutilación que conlleva en no pocos casos. Y obviando los traumas que todo eso pueda causar en un ser humano que no tiene un criterio formado, lógicamente, debido a su edad, y que ni siquiera tiene derecho a votar, ni a conducir, ni es madura psicológicamente —claro que los dirigentes sanchistas tampoco lo son— condenan a lo más sagrado, a nuestros hijos, a una sexualidad difuminada, insana, feísta y, digámoslo todo, destinada a orientar a las naciones occidentales a no tener hijos y, en cambio, tratar a sus gatos como bebés.

Es de una maldad terrible y de una sutileza horrorosa, porque esas mismas consignas no las recibe ni se le dan a colectivos de otras religiones ni de otros países. Este es, seguramente, uno de los cinco crímenes más graves del movimiento *woke*, negar a la naturaleza. Si un adulto decide según sus inclinaciones ser lo que quiera es perfectamente respetable. Pero la inducción en la infancia debería pagarse con la cárcel.

Que feministas de pura cepa como Lidia Falcon, de ideología comunista que jamás ha ocultado, haya sido de las primeras voces que se han alzado contra esas asociaciones que más que ideólogas lo que tienen es gentes con graves problemas personales, es ya en sí demostrativo de que con Sánchez o estás con lo que dice o no estás.

Tiene el asociacionismo sanchista otra característica que lo deslegitima todavía más, si ello es posible: es cainita, violento, grosero, sin nivel intelectual ni capacidad de generar debate social, pero de el de verdad, no el falso que se han inventado *Pour Epater les Bourgeois*. Hago un alto y me pregunto si esta cultura de la subvención, el sobre deslizado por debajo de la mesa y la compra de voluntades no será la razón de que en España no existan personas que formulen postulados novedosos, incluso provocativos, pero con solvencia intelectual. Y eso va también para los que se oponen al sanchismo. Salvo contadísimas excepciones como Cayetana Álvarez de Toledo, pocos políticos formulan tesis que se sustenten en la reflexión sosegada y culta.

Uno recuerda con melancolía a aquellos nuevos filósofos que en la década de los ochenta lanzaban insolentemente a las narices de izquierdas y derechas sus pensamientos, gentes como Jean François Revel, Finkelkraut, Glücksman, Fukuyama, personajes que eran auténticos generadores de ideas, de polémicas, de reflexiones acerca del individuo, de la sociedad, de lo íntimo y lo público. Incluso entre las filas social demócratas hallamos a gentes como Norberto Bobbio o, en España, la Fundación Sistema, patrocinada por Alfonso Guerra, con Ludolfo Paramio. ¿Quién, a día de hoy entre nosotros, podría redactar una maravilla como *La derrota del pensamiento*, de Finkelkraut? ¿Qué sanchista osaría formular una provocación en forma de libro como *¿Qué socialismo?* de Norberto Bobbio? En el modelo asociativo, ¿hay algo nuevo en el sanchismo que supere el italiano de las ARCI, *Associazione Ricreativa e Culturale*, que lleva funcionando desde 1957 y que cuenta con más de un millón de socios?

Es evidente que el sanchismo no contemplaría jamás el ejemplo de la ARCI porque sus líneas de actuación, aunque enmarcadas en la *sinistra*, se fundamentan en la defensa de la constitución italiana, la Declaración Universal de los Derechos Humanos y la construcción de la Europa de los ciudadanos. Y para el sanchismo la constitución no es más que papel mojado

—lo ha dicho Sánchez de manera elíptica cuando se le preguntó si gobernar sin presupuestos no era anticonstitucional, que lo es, despachándose con un cínico: «Eso no es un problema», cuando su antecesor Felipe González convocó elecciones cuando comprobó que no podía sacar adelante las cuentas del Estado—, los derechos que le interesan son solo los que le convienen, por ejemplo, olvidándose de las familias de los asesinados por la banda terrorista ETA pactando con sus herederos Bildu, y en cuanto a la Europa de los ciudadanos qué vamos a decir. Europa es para Sánchez una inmensa ubre a la que ordeñar para luego hacer no se sabe muy bien qué con lo que le dan. Todo en el sanchismo es cortoplacista, de hoy para mañana y la base es continuar en el poder para poder seguir medrando y profundizar todo lo posible en esa ruptura con la Constitución y el ordenamiento que emana de ella. De ahí que la proliferación de entidades de todo tipo y laya se haya incrementado brutalmente desde que el sanchismo gobierna. Es la táctica que ha adoptado la izquierda en los últimos tiempos. Atomizar el discurso ideológico manteniendo el fondo de subversión, disfrazándolo de colorines diversos. Gente que ya no tragaría con la lucha de clases como motivación ahora está dispuesta a asaltar el palacio de invierno por cosas, por ejemplo, como el caso de Excalibur, el perro por el que movilizaron a media España contra el Gobierno de Rajoy.

Que en los países comunistas se persiga, torture, encarcele e incluso ejecute al colectivo homosexual no impide que haya manifestantes que el Día del Orgullo se paseen con banderas arcoíris a la par que lucen camisetas con la estampa del Che Guevara, que defendía la supresión física de los homosexuales. Lo mismo que las feministas que llevan pañuelos palestinos al cuello. A veces uno duda entre si son tan idiotas como parecen. La respuesta es fácil, como en aquella película dónde el gran actor Sazatornil le espetaba a uno: «Oiga, ¿usted es comunista porque es tonto o es tonto porque es comunista?».

SECTOR ECONÓMICO: SINDICALISTAS Y EMPRESARIOS

Cuando el *procés* estaba en su punto más álgido, servidor se permitió decir en voz alta que todo lo que sucedía era porque Cataluña carecía de una burguesía sólida, de empresarios con un mínimo de seriedad y de unos sindicatos que realmente representasen los intereses de los trabajadores. Como ustedes comprenderán, me cayó la del pulpo a dos manos.

Lo mismo podríamos decir de dichos colectivos y el sanchismo, que no es más que el separatismo aplicado al conjunto de toda España, tanto en las formas como en el intento de dar un golpe de estado por la puerta de atrás. Si en España los empresarios que, me consta, están todo el día llevándose las manos a la cabeza por la tiránica y absurda política económica del Gobierno hubiesen mostrado una enérgica oposición a un candidato a presidente que pretendía alcanzar el cargo mediante acuerdos con separatistas, comunistas y *bilduetarras*, otro gallo nos hubiese cantado. Porque, al final, lo que cuenta es la pela, señores, y sin el apoyo o al menos el silencio de los grandes poderes financieros Sánchez no habría llegado a Moncloa.

El empresario español adolece de ciertos defectos —igual que la burguesía española— que hacen que nuestro país sea diferente de, pongamos por caso, Francia. Aquí siempre se ha dependido en exceso del Estado, peor todavía, de si tenías un amigo en el ministerio y ya no les digo si el amigo era el ministro en persona. Se cuenta que durante el franquismo a los automóviles de importación, que eran difíciles de traer por varias razones, se les llamaba un «¡Gracias, Manolo!».

Esos vericuetos tortuosos que se mueven en los reservados de distinguidos restaurantes, reuniones de fin de semana en casas de campo convenientemente aisladas de la mirada pública o reuniones en lugares discretísimos han hecho que el empresariado español haya empleado las más de las veces al comisionista que a lo que, debidamente regularizado, sería el lobista. Este segundo tiene que trabajarse a los responsables políticos sean amigos o no a puerta fría. Son vendedores, al fin y al cabo, y si colocan el producto de su cliente cobrarán sus correspondientes honorarios. Y si no, no. El comisionista, por el contrario, no perderá un segundo en alabar que la alarma de Fulanito es mejor que la de los demás porque sabe de qué va la vaina. Todo se reducirá al correspondiente regateo en lo que se llevan uno y otros. Y punto.

Por aclararlo más, les ruego que recuerden ustedes aquella memorable película *La escopeta nacional* que se sitúa en las postrimerías del franquismo en el marco de una cacería. Digamos que en tales ocasiones se producían unos acuerdos económicos entre ministros e industriales de padre y muy señor mío y la cosa cinegética era más pretexto que interés deportivo. Pues bien, el argumento de la cinta se basa en el interés que tiene un industrial, catalán por más señas, llamado Jaime Canivell que quiere venderle al ministro de turno sus porteros automáticos lo que, tras pagar todo el gasto, no consigue porque le cambian al ministro en plena cacería.

Lo resume el protagonista en frase memorable «No, si ya lo decía mi padre, los viajantes, para vender no hay como los viajantes». El pobre industrial tiene que acabar haciendo las paces con el amigo del ministro nuevo y tragar con todo lo tragable.

Es la desgracia, como diría Vázquez Montalbán, que aun siendo comunista tenía una inteligencia de primer orden, de haber nacido en un país que no supo hacer a tiempo la revolución industrial. España es el país de la picaresca y allí donde hay dinero, hay pícaros.

Ya lo tenía claro Don Fernando Martínez Motiño, cocinero de Palacio desde Felipe II hasta Felipe IV, cuando escribió en 1611 su imprescindible *Arte de cocina, pastelería, bizcochería y conservería*, libro que no tan solo nos habla de la buena mesa por entonces reinante y nunca mejor dicho, sino que además nos ofrece un retrato preciso de la España de aquellos años. Recomendaba el autor que en la cocina real no se tuvieran jamás a pícaros, entendiéndose por ello a los gandules que fingían trabajar pero que solo estaban ahí para hartarse de comer y robar todo lo que pudieran. Lean si pueden ese libro, que es interesantísimo, —se ha reeditado constantemente desde que apareció— y verán como desgraciadamente las cosas han cambiado poco en nuestro país aunque ahora podamos ver *Lo que el viento se llevó* en la palma de nuestro teléfono móvil merced al avance tecnológico, que no moral.

La picardía ha seguido rigiendo nuestros destinos y, retomado a nuestros empresarios, la relación entre capital y poder político es tan íntima como perversa. Ya no hablo de la corrupción, aunque sea una lacra permanente y constante; hablo de lo que llevan nuestros grandes capitanes de empresa en su ADN con las excepciones que siempre existen, por supuesto. Nadie osaría incluir en este apartado a personas como don Amancio Ortega o don Juan Roig, por vía de ejemplo. Es gente que ha llegado al lugar que ocupan a base de esfuerzo, talento, capacidad de riesgo y una gran visión.

Eso es indiscutible y baste ver como el sanchismo los ataca siempre que puede, puesto que sabe que no ha de poder comprarlos con nada. Y conste que hablo de grandes empresarios, de dirigentes de organizaciones empresariales cuando acuso de connivencia con el poder. Porque al igual que don Amancio o don Juan existe una pléyade de medianos y pequeños empresarios que sufren el sanchismo en sus propias carnes. No, yo aludo a los que, pudiendo dar la voz de alto por su peso e importancia, no supieron o no quisieron hacerlo en su día. Son los mismos que facilitan el trasvase de los políticos a las grandes empresas, eso que se denomina popularmente las puetas giratorias. Los que se reúnen con el Gobierno para pactar Dios sabe qué barbaridad. Los que parece que no se dan cuenta de que el sanchismo también irá a por ellos cuando mejor le convenga. Sufren del síndrome de Chamberlain, creyendo que todo se puede pactar con todo el mundo. Si entre la clase política de derechas no ha existido un Churchill que ejerciese como ariete contra Sánchez y su banda, las empresas también han adolecido de no tener a nadie entre sus filas que diera un puñetazo encima de la mesa.

España ha caído económicamente y ya no jugamos en la primera división de las potencias industrializadas. El coste de la vida se ha disparado para las clases medias —auténtico objetivo del sanchismo, que las quiere pulverizadas pues sabe que son el colchón social que evita enfrentamientos civiles— y ya no digamos para las obreras. Nos han igualado por lo bajo a base de ahogarnos a impuestos que ya suponen, entre todos, el cuarenta y dos por ciento de lo que gana un trabajador que se incluya en estos dos grandes sectores, la clase media y la baja, que conforman el núcleo productor del país.

Sin representantes empresariales que defiendan la economía productiva y se conformen con reducir plantillas, cerrar fábricas y tratar de obtener este o aquel contrato gubernamental, estamos perdidos. De la banca ya ven lo que hay. La complicidad obscena existente entre poderosas entidades financieras como el Santander o La Caixa y el Gobierno es total. El mercado entendido como algo libre de ataduras es una quimera. Las reglamentaciones que limitan cada vez más al empresario son terribles, tanto las que vienen del Gobierno de España como las que vienen de esa UE que parece empecinada en crear un continente de burócratas. Ese es también el marco ideológico del sanchismo.

Porque el burócrata depende por completo del Gobierno, mientras que en el mercado libre todo depende de la idea, del trabajo y del tesón. Y no es eso lo que se busca. El objetivo es una sociedad clientelar en la que nadie pueda oponerse al gobierno puesto que es su patrón y depende de él para subsistir.

Una de las libertades que tiende a suprimir los Gobiernos social comunistas, so pretexto de la igualdad, es la libertad del mercado. Les horroriza la competencia porque saben que ellos son unos incompetentes. ¿Cuánto creen que durarían en un mercado de trabajo sin ataduras con el poder político personajes como Sánchez, Rufián, Puente, Bolaños, Iglesias o Yolanda Díaz? ¿Quién estaría dispuesto a pagarles lo que cobran por no hacer nada? Por otra parte, ¿qué talento tienen, qué saben hacer, en que campo desatacan por su excelencia? Y ligo esto con lo que decíamos acerca de la educación. Igualar desde la ignorancia, porque el mérito siempre será visto como un peligro por unos políticos mediocres.

Ahora bien, llega el momento de hablar del otro extremo importantísimo en cualquier sistema democrático que, obvio es decirlo, ha de sostenerse en el equilibrio de las diferentes visiones de la sociedad. Si hemos analizado la relación entre empresarios y sanchismo, ahora le toca el turno a los sindicatos. Digamos, antes que nada, que las organizaciones sindicales en España, especialmente las centrales más importantes que son UGT y CCOO, no serían nada sin el dinero que reciben de los Presupuestos Generales del Estado.

Es esa catarata de millones sumada al patrimonio que «heredaron» durante la transición del Sindicato franquista lo que les ha hecho multimillonarios. Porque si alguna cosa refleja como ninguna lo que son esas dos centrales sindicales que, siendo exactos, conforman una sola puesto que actúan siempre de común acuerdo y tienen la misma estrategia y objetivos, es el dinero. Organizadas como dos poderosísimas entidades clientelares, son el ejemplo de cómo apropiándose de la defensa de los intereses de los trabajadores han medrado siempre a la sombra del poder. Y no tan solo del político, también del empresarial. Porque han sido los sindicatos quienes han cortado el bacalao en la negociación de convenios, de Eres, de legislación laboral. Su voz se ha convertido de cara a la opinión pública en la única que se admite como la del trabajador. Sin tener en cuenta, claro, el bajísimo índice de afiliación que, atendiendo solo a este parámetro, los convertiría en organizaciones insignificantes.

Todo ello es completamente falso. Los sindicatos tan solo defienden a sus propios intereses y, si acaso, a sus afiliados. Conozco lo suficiente a la UGT —y, por extensión, a su homóloga CCOO— como para poder decir que en innumerables ocasiones lo primero que se le dice al nuevo trabajador que entra es que debe afiliarse porque así se garantizará la «protección» que le ha de brindar el sindicato si le surge algún problema con «el patrón».

En caso de no hacerlo, e insisto que doy fe de ello, pueden surgir problemas que «convenzan» al renuente a la afiliación. La dictadura de los sindicalistas en las empresas es, hay que decirlo de una vez por todas, implacable en España. Toda la legislación laboral está montada —y tanto da que gobiernen las izquierdas como las derechas porque nadie ha tenido el coraje de cambiar esas reglas de juego tramposas y partidarias— para que los sindicatos tengan un peso que no les corresponde en el mundo del trabajo.

Añadamos que, a pesar de esas, digamos, «argumentaciones» para la afiliación los sindicatos españoles registran la tasa de afiliación más baja de toda Europa. Y, sin embargo, su poder es omnímodo. ¡Ay de aquel empresario que se malquiste con el comité de empresa! Ni que decir tiene que los liberados sindicales son en muchísimas ocasiones quienes gobiernan asuntos tan importantes como la producción o los salarios. Para que nos entendamos, porque esto se explica pocas veces, ser liberado sindical consiste en ser elegido por tus compañeros y quedar así exento de tu trabajo para dedicarte a tus actividades sindicales. Es decir, una vía segura para no pegar sello y un blindaje contra un posible despido porque no se puede echar a un liberado ni a nadie que forme parte del comité de empresa.

Ese liberado será quien se siente con el empresario a negociar sobre un trabajo que no hace en representación de su sindicato y no de los trabajadores en general. ¡Cuántas veces no habré escuchado en boca de empresarios o de dirigentes políticos en las instituciones que fulanito es un mal bicho pero, claro, como es del sindicato no se le puede tocar! ¡Cuántos tribunales que examinan en la Administración y en los que prácticamente tienen la voz cantante los sindicatos orillan a los buenos candidatos para dar preeminencia a personas que son afiliados, familiares suyos, amigos o amigas entrañables o sucedáneos parecidos! ¡Cuántas sagas familiares no existen en Ministerios, Ayuntamientos y organismos oficiales!

Esta es la realidad que nadie se atreve a decir en voz alta: el sindicalismo entendido como la defensa organizada del trabajador no existe en España. Al menos, en lo que respecta a los sindicatos tradicionales, esos que son capaces de bailarle el agua a Sánchez y manifestarse solo contra los Gobiernos de derecha, los mismos que apoyaron el *procés* en Cataluña, los mismos sindicatos que callan ante la corrupción oficial, los que abusan de una condición que no merecen.

De ahí que el sanchismo se haya apoyado firmemente en ese edificio llamado sindicalismo de izquierdas sabiendo que ahí jugaba en campo propio. No ha tenido el menor problema con ellos, antes al contrario. Son sus tropas de choque, sus mejores defensas contra esos del puro, según expresión rancia del mismo Sánchez. Son los que, aunque lo nieguen, cuando convocan una huelga emplean a los mal llamados piquetes informativos como forma de coacción al trabajador, los que llevan con orgullo el carácter represivo y coaccionador en contra de la libertad de quien no quiere secundar la huelga, los que, por otra parte, suelen estar a partir un piñón con el gran capital a quién no inquieta para nada ese invento del sindicalismo.

Son capaces de organizarle una ruina a cualquier mediano o pequeño empresario pero jamás se atreverán a hacerlo contra los que realmente manejan los grandes capitales. Ese sindicalismo que emplea el nepotismo, el enchufe y es correa de transmisión del poder sanchista es una de las lacras más graves del sistema productivo español. Vendiendo una imagen decimonónica de mujeres con sus hijos famélicos en brazos alzando los puños ante el gordo amo de la fábrica todavía emplean viejos eslóganes para disimular su política seguidista y carente de independencia propia.

No son, pues, sindicatos como tales. Son partidos políticos y como tal actúan; UGT siguiendo la consigna sanchista, CCOO la de los comunistas. Ninguna de los dos la del interés auténtico de quien tiene que trabajar para poder llevar un sueldo a su casa. Atrás quedó cuando Nicolás Redondo se enfrentó al ministro socialista de Economía Carlos Solchaga en televisión espetándole «Tu problema, Carlos, son los trabajadores», o cuando la UGT le montó a Felipe una huelga general en toda regla por el Plan de Empleo Juvenil. Y nadie podrá dudar de la filiación izquierdista de Redondo, que en paz descanse. No digo que la UGT fuese mejor entonces, tan solo digo que por lo menos poseía una libertad de pensamiento y acción que ahora es imposible que tenga. La entrega del sindicalismo de manera tan obscena al sanchismo está todavía por analizarse desde el punto de vista histórico, social y económico, pero no me cabe duda de que es uno de los factores más importantes en la decadencia económica de nuestro país.

Porque cuando solo organizas manifestaciones y protestas contra los que son de derechas —véase el caso Ayuso— y callas como puertas ante los desmanes que perpetran los tuyos en el Gobierno difícilmente puedes reclamarte como sindicato de clase. Solo eres un sindicato de parte, pero del poder, de Moncloa, un sindicato a imagen y semejanza de los que tenía organizados el PRI en Méjico.

Si no existe mayor injusticia que aquella que se comete con los más necesitados, el trampantojo del sindicalismo de clase es en la actualidad la organización más injusta de todas las que existen en España, lo que no es poco decir. Pero nadie, desde ningún partido sea de derechas o de izquierdas, se atreverá a meter mano en este asunto de los sindicatos. La gran mentira se ha fortificado de manera inexpugnable en un solo mantra con numerosas derivaciones: el empresario es, por definición, el malo porque explota a los trabajadores que son, también por definición, los buenos; tener dinero es sinónimo de maldad, no tenerlo lo es de bondad; el sindicato es la reencarnación de Robin Hood que quitaba a los ricos para dárselo a los necesitados; sin sindicatos no habría defensa para ningún trabajador ni igualdad social ni capacidad de obtener mejoras. Estas consignas simplistas y más falsas que un euro con la cara de Irene Montero han calado a lo largo de mucho tiempo. Que se las creyeran a finales el XIX y principios del XX, cuando la distancia entre trabajador y empleador era abismal sería lógico.

Todavía no se había producido la llegada del comunismo, de Stalin, las purgas, los gulags, la nomenklatura y las orgías de sangre de Pol Pot, Mao, Castro y toda esa banda criminal que a lo largo de la historia se ha perpetuado con notable impunidad bajo el nombre de comunismo o socialismo real.

Que ahora todavía exista gente que se las trague es ya más difícil de entender. Que la UGT haya nombrado a su fundación con el nombre de Largo Caballero es en sí una declaración de intenciones. Es decirle a quien se haya molestado en leer la historia de España que ese sindicato está de acuerdo con el dirigente socialista que desde el minuto cero de la República dijo que aquello era solo una etapa transitoria para llegar a la dictadura del proletariado, el que dio un golpe de Estado contra dicha República que costó cerca de dos mil muertos solo en Asturias, el que justificó la criminal actuación de las brigadas del amanecer, las checas, Paracuellos y toda la sangrienta represión de retaguardia ejercida por los rojos sobre gente que no tenía ningún cargo criminal en su contra. A ese orate sediento de sangre, sectario y asesino le han consagrado la fundación del sindicato socialista. ¿Nadie lo ve? ¿Nadie tendrá el coraje de decirles que hasta aquí hemos llegado? Los empresarios, que son los primeros en hacerles la pelota y en recolocarlos cuando se van de sus cargos, ¿no son conscientes de que, si se reprodujeran las circunstancias históricas, volverían a darles el paseo a la mayoría de ellos?

Dicho lo cual, recordemos una vez más que la figura que inspira a Sánchez, reconocido públicamente por él mismo, es ese Largo Caballero nefasto para la historia de España. Insistimos, la simbiosis entre sanchismo y sindicalismo social comunista es total y por ello lo único que ha hecho su alianza es fortalecer todavía más la sinrazón de unos y otros. Con Felipe muchos no se atrevieron a enseñar la patita porque lo que tocaba era la social democracia y ser una organización «de servicios» al estilo del sindicalismo alemán. Todo aquello quedó en nada, baste recordar el fiasco con las cooperativas de vivienda para ver que los sindicatos solo han prestado servicios jurídicos y aun dando gracias.

Como no quisiera pecar de injusto, verán que me he centrado en el sindicalismo marxista, pero también hay organizaciones pseudo anarquistas —la CGT se debe a una escisión con la CNT-AIT en la que sería muy prolijo entrar y nos desviaría de nuestro asunto— y que quizá algún día explique puesto que me estrené en política en 1973 con catorce añitos en la clandestina CNT-FAI, sindicatos profesionales, de corte nacionalistas e incluso hay de eso que se llama extrema derecha. Para el sanchismo son irrelevantes. A los que pretenden representar intereses profesionales los consideran fachas y sin auténtico peso lo que, en muchos casos, suele ser cierto; los que, como Solidaridad, de VOX, ofrecen un perfil patriota excuso decirles el juicio que merecen por parte de Sánchez y los *comegambas*; los vinculados con partidos nacional separatistas ni sí ni no mientras no le toquen las narices.

El sistema pergeñado por el sanchismo es capaz de asumir incluso las contradicciones siempre y cuando estas no se dirijan en contra de su principal motivo, que es el de perpetuarse en el poder.

Aprovechan cualquier cosa si es susceptible de ser instrumentalizada en beneficio propio, como cuando Pepe Álvarez era secretario general de la UGT de Cataluña años ha y fichó a las juventudes de Esquerra Republicana para que le hicieran de tropa de choque. Añadamos que de esa UGT en la que el concepto de democracia interna es inexistente han surgido no pocos dirigentes del socialismo actual, por ejemplo el actual alcalde de Barcelona Jaume Collboni. Pura cantera de burócratas bienmandados. Pero ese es otro tema, el de los dirigentes políticos que no tienen experiencia profesional alguna fuera de los ámbitos que controla el partido y que obedece al modelo partido-Estado en el que se unen ambos para dar a luz una sociedad de funcionarios políticos que solo sirven a los intereses políticos y no a los intereses generales el pueblo.

Esa es la razón por la cual se coloca en cargos de extraordinaria trascendencia a auténticas mediocridades que solo cuentan en su haber una fidelidad al líder y al partido a prueba de bombas. La gente que paga sus costosísimos sueldos no importa, importa que Sánchez esté contento. Es una organización social diabólica en la cual, sin pertenecer al partido o al sindicato, tienes muchísimas menos posibilidades de prosperar laboralmente. Igual que en cualquier dictadura, sea del signo que sea.

Fuera del partido no existe salvación, de modo que son muchos quienes antes de presentarse a cualquier oposición en la administración pública se afilian al sindicato o al partido y se lo hacen saber a sus responsables para que el tribunal que, como hemos dicho, suele estar controlado por los sindicatos, tenga en cuenta que es «de los suyos» y por tanto ya tiene de entrada un beneficio del que carecen los otros aspirantes.

Es decir, volviendo al punto de partida, el trabajador español, bien sea por cuenta propia o ajena, el autónomo, el pequeño artesano, comerciante, empresario, el mediano que puede tener cinco o seis trabajadores, es decir, todo aquello que es el motor de la economía real y la creación de riqueza más directa no tiene voz ni voto ante los tejemanejes que lleva a cabo el sanchismo con sus satélites políticos disfrazados de representantes de los trabajadores.

Empresarios que no son del IBEX, trabajadores en general, no nos engañemos. Con el sanchismo estamos más solos y desprotegidos que en los últimos cuarenta años. Y si alguno piensa que me quedo corto con las fechas le diré que yo también lo creo. Había más protección al «productor» como se le denominaba entonces al obrero en el Fuero del Trabajo que hoy en día donde despedir a alguien es sencillísimo, mantener a un trabajador con todos los costes que reclama el Estado es costosísimo, a los que trabajan intermitentemente se les llama fijos discontinuos, se habla de la reducción de jornada pero no al aumento de los sueldos de manera real conforme al costo de la vida y por supuesto el Estado ni ofrece viviendas públicas ni muchas otras cosas.

El sindicalismo «de servicios» copiado del modelo alemán que tanto se ponderaba en los años ochenta se ha quedado en nada, así como el sindicato que defiende los intereses de sus afiliados, matiz importante que no se suele tener en cuanta cuando hablamos de sanchismo y sindicatos. Ni la UGT ni CCOO tienen el menor derecho a arrogarse la representatividad de hablar en nombre de todos los trabajadores; en todo caso, deben hacerlo en nombre de sus afiliados. Lo contrario es apoderarse de toda una clase que no está, ni mucho menos, de acuerdo con ellos en su mayoría.

Resumiendo, sanchismo y sindicalismo son lo mismo con diferentes ropajes, siendo en el interior la misma cosa. El sanchismo representa al pueblo español que es progresista, de izquierdas y carece de defectos fachosos, faltaría más. Sánchez es el epítome de todo el pueblo. Los sindicatos, como es lógico, tienen el mismo vicio: ellos son los trabajadores, como si no los hubiera de otras ideologías. La frase: «No hay nada más idiota que un obrero votando a la derecha» que figura en muchos de sus locales y que se emplea tan a menudo debería ser sustituida por: «No hay nada más estúpido que votar a quien te roba y encima quiere que le des las gracias porque lo hace en representación tuya».

Así que, si me lo permiten, como colofón de este apartado, hablaré en español recio: estamos bien jodidos.

JUSTICIA

Al ex alcalde de Jerez de la Frontera don Pedro Pacheco le cayó la del pulpo cuando allá por la década de los ochenta del siglo pasado dijo que «La justicia es un cachondeo». Lo cierto es que el bueno de don Pedro se quedó corto. Con el sanchismo parte de la justicia, y eso hay que señalarlo porque también tenemos jueces y fiscales dignísimos y merecedores de todo encomio y admiración, se ha convertido en algo más que un cachondeo: es una vergüenza. Conquistar la fortaleza que en cualquier estado de derecho supone la justicia ha sido desde el primer momento un objetivo prioritario para el sanchismo. Todas las mayores barbaridades que ha cometido sin dudar ni un segundo inmiscuyéndose en el ámbito de jueces y fiscales han demostrado dos cosas: lo que quiere el sanchismo es una justicia dócil ante el ejecutivo y, por tanto, correa de transmisión de las directrices de este aunque eso suponga ignorar que tenemos un marco jurídico concreto como es la Constitución y, segundo, colocar en los puestos clave a partidarios acérrimos para que impongan esta doctrina.

Que colocar en cargos del poder judicial a personas que han formado parte del Gobierno —lo que les invalidaría éticamente para ejercer la imparcialidad, máxime en un Gobierno como este— sea una barbaridad al sanchismo no se lo parece. De la misma manera que no duda en arremeter desde el Congreso contra los jueces «fachas», en un ejercicio de irresponsabilidad democrática tremendo, cargándose la necesaria independencia y respeto que se deben entre sí los tres poderes, el ejecutivo, el legislativo y el judicial.

Hemos señalado a lo largo de estas páginas que para una mentalidad totalitaria como la que conforma el pensamiento sanchista no pueden existir focos de oposición, de ahí que todo tenga que fundirse en un mismo crisol que no es otro que la voluntad del presidente. Esa es una de las vías, la judicial, que más ha ocupado y ocupa a los de Moncloa. Desde la amnistía a los golpistas catalanes a los casos de corrupción que rodean a presidencia y al PSOE, la aquiescencia de los jueces y fiscales resulta imprescindible para llevar a término sus objetivos.

Pero así como en otros sectores del estado el sanchismo ha podido calar con una relativa facilidad —por el hueso baila el perro, señores— en el judicial le resulta más difícil por las características particulares del mismo. Jueces y fiscales con años de estudio y preparación, de esfuerzo, de ejercicio, de sólida reputación, no pueden ver con buenos ojos las chapuzas legislativas del sanchismo ni mucho menos la constante vulneración de nuestro ordenamiento jurídico. Es algo casi visceral y lógico en quien hace de su vida un servicio a la ley. Y si bien es cierto que en el momento de escribir estas páginas existe una dura pugna entre lo que dice el Constitucional, en manos de un Conde Pumpido entregado totalmente al sanchismo, y el Tribunal Supremo, no tengo la menor duda de que el sentido de la justicia y de la legalidad acabará por imponerse por mucho que Sánchez nombre fiscal general del Estado a un amigo cuyo destino final todavía se desconoce, pero que pinta mal por su presunta implicación en la divulgación de datos particulares de la pareja sentimental de la presidenta Ayuso.

Que sean las propias asociaciones de fiscales las que soliciten que sienten en el banquillo al fiscal general dice mucho de como andan las cosas en el mundo judicial.

Existe un hecho todavía más sorprendente: en el mismo Gobierno hay ministros que son jueces en carteras especialmente delicadas. Ahí está Margarita Robles, en Defensa, o Marlaska en Interior. No los hemos visto beligerantes ante las amnistías por ejemplo. Tampoco los veríamos sí, cuando llegue el momento, Sánchez se saca de la manga una pseudo consulta-referéndum sobre la independencia de Cataluña, exigencia que tanto Junts como Esquerra consideran no negociable. Pero una cosa es que ser ministro te haga olvidar tus deberes como magistrado y defender la ley y otra es que, a pesar de los manejos de Sánchez en los organismos judiciales, los 5419 jueces y magistrados que existen a día de hoy según datos del propio Gobierno en España se vayan a quedar callados.

Esa es la preocupación del sanchismo en su conjunto, la rebelión de las togas, mucho más amenazadora y eficaz que una hipotética insurrección militar. Porque los jueces tienen en sus manos todos los resortes legales, tanto nacionales como internacionales, para ponerle el paño al púlpito al sanchismo. El último asalto a la independencia del poder judicial es la propuesta sanchista de la reforma de la Ley Orgánica del Poder Judicial con la que Sánchez pretende aumentar el número de jueces y fiscales adictos a su causa. Es la agilización del viejo y manido Cuarto Turno que permitiría a esa tropa de choque sanchista disfrazada con toga llegar a sus cargos sin oposición, cosa que se le antoja insólita a cualquiera. Digamos que por ese camino, que a servidor siempre le pareció como mínimo discutible, en España tan solo existe un ocho por ciento de jueces y fiscales que hayan accedido a tal consideración.

Eso huele a sospechoso de entrada. Con los más sicofantas en los organismos judiciales de la cúpula y un buen número de seguidores sanchistas ocupando los tribunales el sanchismo respiraría más tranquilo. Esa es la auténtica razón, no la de acabar con la interinidad o aumentar la plantilla. Porque se saben muy bien la malhadada historia de la República en la que el poder judicial se transformó en un elemento de obediencia ilimitada al poder político condenando a cárcel o a muerte a miles y miles de españoles por el solo hecho de pensar diferente al social comunismo.

Las cuatro mil sentencias de muerte que firmó Companys en Cataluña, siendo presidente de la Generalidad, fueron las que le pasaban los tribunales, cuidado con eso. Sucede igual con Venezuela, que tiene magistrados y fiscales y órganos máximos en la justicia. No hay dictadura que no se cubra con la toga hecha a medida. Recuerdo haber leído los tremendos casos dados entre jueces durante el Tercer Reich en el que, al entrar en la sala, los magistrados levantaban el brazo haciendo el saludo nazi, gritando «¡Heil Hitler!» y luciendo la esvástica en sus togas. ¿Eran legales las sentencias que emitían acerca de la condición judía o no del acusado? Lo eran porque se basaban en las Leyes de Nuremberg y, por tanto, se ajustaban al derecho imperante en aquel momento en Alemania. Ahora bien, ¿eran morales, eran éticas, eran justas? Indiscutiblemente, no.

Esto sorprendió mucho a los jueces que tuvieron que someterse a los procesos de *desnazificación* que tuvieron lugar en la Alemania de posguerra que, digámoslo todo, fueron un auténtico coladero para que nazis conspicuos y sin el menor arrepentimiento prosiguieran sus vidas e incluso sus carreras tan ricamente. Aquellos hombres de leyes, muchos de edad provecta, no comprendían como se les podía juzgar a ellos, que precisamente eran jueces y no habían hecho otra cosa que dictar sentencias ateniéndose a las leyes. ¿Qué culpa tenían de lo que éstas dijeran? Al fin y al cabo no las habían redactado ellos.

Existe también una derivada con respecto al mundo de la justicia que tiene un componente muy peligroso para la convivencia nacional. Si Sánchez consigue el control político sobre la judicatura, y está en vías de ello, la ciudadanía tomaría conciencia de que exigirle justicia al Estado sería una pérdida de tiempo. Siendo honestos, una parte de la población ya está instalada en esa idea. Los tecnicismos, cuando no las leyes injustas, hacen que el ciudadano común considere que los criminales, los corruptos, los delincuentes, los violadores, se acostumbren a salir de rositas. Lo hemos visto con leyes tan abominables como la del *Sí es Sí*, que lo único que ha logrado es que condenados por violación o pederastia salgan a la calle.

Lo hemos visto también con la silente pero constante excarcelación de asesinos etarras, que son recibidos en los siniestros *onguietorris*, bienvenidas, por sus correligionarios ante la indignación de los familiares de las víctimas. Recordemos que mientras esos criminales con las manos manchadas de sangre pasean por las calles de sus pueblos recibiendo la simpatía de no pocos vascos, los que se oponen a esa organización mafiosa todavía viven bajo la *omertá* que se impone desde las instituciones y partidos vascos, eso sin contar con la presión social del entramado filoetarra que continúa operando impunemente.

¿Qué podemos decirle al hijo del asesinado por ETA, al que ha sido agredido por grupúsculos separatistas catalanes cuando ven como sus agresores se cruzan con ellos en la calle y les dedican una sonrisa asquerosa de superioridad?¿Alguien podría reprocharles que reaccionasen drásticamente contra ellos? Desde luego, la ley estaría en su contra y en el mejor de los casos acabarían dando con sus huesos en la cárcel; eso, sin contar con las represalias que sufrirían sus familiares y amigos. Es desesperante ver como a diario vemos que se detiene a alguien al que ya han detenido, valga la redundancia, mil veces. Y digo bien, mil. Y si alguien dice que esa persona es de procedencia extranjera y habría que deportarla saltan todos los resortes sanchistas para culpabilizar a la víctima y no al agresor.

Con lo cual, una de dos: o la gente aprieta los dientes y se contiene o, como ya está empezando a suceder, se organiza en patrullas vecinales para defender vidas, propiedades y el orden público porque la policía tiene orden de no intervenir y las sentencias son, cuando las hay, desproporcionadamente blandas.

Ese movimiento de respuesta popular es, aunque comprensible, peligrosísimo porque indica que, en ausencia de una justicia real, la gente acude a la vieja ley del Talión. Porque la ley en España es complicada, abstrusa y decididamente poco o nada justiciera. Aquí creemos que la cárcel debe servir para reinsertar y no para castigar al delincuente. Es un principio panglosiano que se ha demostrado, como tantas otras cosas en esta partitocracia que nos venden como sistema democrático, completamente inútil. Los costosos programas de reinserción no redimen al violador o al yihadista.

La cárcel se ha convertido en una auténtica universidad del crimen donde quien ingresa difícilmente saldrá reformado por mor del sistema. Si lo hace será porque, debido a un proceso personal e íntimo, ha reconsiderado su actitud, no por las leyes.

Pero nadie quiere ponerle el cascabel al gato y no se tomarán medidas hasta que el problema haya llegado a inundar de violencia popular las calles. De momento, eso es monopolio de cárteles delincuenciales, de grupos políticos violentos, de gentes que perturban el orden público que es tanto como decir el orden social democrático. Es lógico que la indignación entre los españoles de a pie, los que sufren esas injusticias, crezca con el paso de tiempo. Conversando con algunas personas que son jueces y fiscales de cara a la elaboración de este libro he encontrado el mismo sentimiento de desamparo y desilusión. Se encuentran solos frente a un Gobierno que lo único que pretende es instrumentalizarlos y a una opinión pública que suele vituperarlos.

Pero debemos recordar que un juez no inventa la ley, simplemente aplica la que se elabora y esto se produce en el Parlamento, en el Gobierno, es decir, entre los políticos que son los que nunca darán la cara.

Asistimos a esa revuelta popular, por poner un ejemplo, con el sangrante caso de las ocupaciones. Son los propios vecinos u organizaciones como Frente Obrero o *Desokupa*, tan atacada por la izquierda como querida y admirada por la población, los que resuelven esas situaciones de robo, extorsión y ruina de los propietarios ante la pasividad de unos legisladores que no tan solo las consienten sino que, además las promociona. Lo hecho por Ada Colau cuando estuvo al frente del Ayuntamiento de Barcelona es un ejemplo de lo que digo. ¿En qué país sensato se promoverían talleres financiados con dinero público donde se enseñara como ocupar y los mecanismos legales para blindarse? ¿Alguien podría poner el ejemplo de una nación en la que se subvencione a los ocupas, a manteros, a delincuentes en toda regla, o se les financiara la luz u otro tipo de gastos? ¿Nadie entre quienes nos gobiernan desde el sanchismo y sus satélites sabe que la policía está harta de decir que en muchas de esas ocupaciones se esconden organizaciones de venta de drogas? Cualquier vecino se lo podría decir, no tan solo la policía. Eso, sin contar con la labor ideológica subversiva que llevan a cabo muchas de ellas, adiestrando a los cachorros en tácticas de guerrilla urbana.

Que existan alcaldes como el de Badalona, Xavier García Albiol, miembro del PP, que ha hecho de la lucha contra la ocupación una cruzada personal son excepciones que confirman la norma. A Albiol le han interpuesto querellas por xenofobia desde organizaciones sanchistas, lo han abucheado, lo han calumniado, sin resultado a día de hoy. Porque el sanchismo teme precisamente la enérgica firmeza de quien se sitúa en la ley desde un cargo público sin ceder a chantajes o amenazas. Se podrá disfrazar como se quiera, pero el relativismo moral o incluso el apoyo firme de las instituciones frente a la delincuencia es uno de los factores que más influye en el desánimo moral y estructural reinante en España a día de hoy. Ese es uno de los objetivos prioritarios el sanchismo: minar la musculatura social y que esta se abandone con el fatídico «no hay nada qué hacer». Es la anti justicia, es la consagración del delito como forma habitual en la que has de convivir a diario con la resignación de la oveja conducida al matadero.

Ante todo esto solo cabe luchar por una justicia independiente del poder ejecutivo y legislativo regida por los propios jueces. Eso pasa por cambiar los mecanismos de elección de las cúpulas, del Tribunal Constitucional que en España sería mejor definir como Anticonstitucional; de una fiscalía en mano del sanchismo que sabía muy bien lo que decía cuando Sánchez soltó aquello de: «¿Y de quién depende la fiscalía?». Hay que devolver el poder a jueces y fiscales, hay que retomar la idea de que en un estado de derecho los ciudadanos deben sentirse protegidos y amparados por la ley, y que esta debe ser justa e igual para todos sin excepción.

Todo lo dicho aquí no tiene más solución que revocar al sanchismo y con ello hacer lo propio con la miríada de leyes que ha pergeñado que solo benefician a unos pocos en detrimento de la mayoría. Porque cuando los tribunales no garantizan las vidas y las haciendas, las libertades y derechos de los ciudadanos, estos acabarán por erigirse en jueces de sus causas. Esto temen los magistrados y demás fuentes judiciales consultadas y esto teme también el autor. La ley del *Far West* ni es la mejor ni es la que un nación como España se merece.

FF. AA.

Mi querido y admirado general don Rafael Dávila ha escrito acertadísimamente que un ejército no debe ser ni una ONG, ni un grupo de voluntarios humanitarios, ni siquiera una organización de beneficencia. Que en muchas ocasiones puedan y deban ejercer roles similares no exime el objetivo y misión principal que constituye el eje vertebrador de la existencia que tienen las Fuerzas Armadas. Me gusta particularmente la definición de los EE. UU. respecto a sus militares: tienen, como misión primera, combatir a cualquier enemigo externo o interno de la nación. Eso juran todos y a ese juramento están obligados. Es así de simple. Pero si la unidad de España pone de los nervios al sanchismo ya no digamos la urticaria que les produce que sea el colectivo de uniformados en el que recaiga la misión de defenderla con las armas en la mano, si así lo requiere el caso que ojalá no se dé nunca. Tradicionalmente, la izquierda ha renegado de los ejércitos, combatiéndolos de todas las formas posibles. Recuerden las tremendas campañas anti mili, los agresivos colectivos denominados Mili-KK con los que en mis años mozos me las tuve que ver, las campañas de boicot a los desfiles militares, la venta de patrimonio a la que se ha visto sometido el estamento militar suprimiendo cuarteles y más cuarteles, el abandono del presupuesto en gastos de Defensa y la corrupción intelectual introducida en la gran masa respecto a que un militar es poco menos que un bruto acéfalo, violento, agresivo, sediento de sangre y peligroso al que hay que tener muy controlado. La razón básica de todo es muy simple: si no es SU ejército, no lo quieren.

Decir que la izquierda, y en el caso que nos ocupa el sanchismo, es anti militarista es una barbaridad que solo pueden afirmar o bien los que tienen un interés político en ello o los desinformados que siguen como borregos a sus líderes. Véase el caso de la República, en el que el comunismo y el socialismo unidos de la mano no cejaron hasta crear el llamado ejército popular, sometido al yugo soviético y controlado por militares adictos, «consejeros» todos de procedencia soviética y esos apodados comisaros políticos que pocos tiros pegaban puesto que su misión era la de informarse de los elementos poco adictos y «depurarlos», si se entiende lo que quiero decir, que formaban parte de todos los ejércitos, divisiones, batallones, compañías, unidades. Para la NKVD de Stalin el comisario era el único elemento importante en la organización militar, una idea que no era suya sino de Trotsky, que sabía que era el partido quien debía mantener firmes las riendas de la gente que con un fusil bien podía girarlo en contra de sus jefes en cualquier momento. De ahí que, verbigracia, en la II Guerra Mundial, los comisarios de la NKVD, con su temible cruz verde estampada en sus gorros, se situasen siempre a retaguardia para disparar a aquellos soldados que retrocedieran, testimonio validado por numerosos historiadores y, por si les sirve de algo, por mi propio tío materno que luchó con la División Azul en Krasny Bor.

Ese control político de la milicia, salvaguarda de la nación, es una de las campañas casi diríamos que consuetudinarias con la izquierda, junto a la lucha contra la Iglesia católica. El sanchismo, que obra en ocasiones con un descaro extremo pero que en otras se reviste de piel de cordero para mejor disimular sus intenciones, ha dejado a nuestras fuerzas armada ya no en segundo plano, sino en un tercero o cuarto.

Ahora que se ve obligado por las exigencias de los EE. UU., que está harto de pagar las fiesta a unos europeos que se pasan el día pintándose de colorines la cara y gritando que quieren la paz mientras gritan contra esos mismos norteamericanos que nos han ofrecido hasta hoy su paraguas protector, así como de la propia UE que le ha visto las orejas al lobo con la invasión de Putin a Ucrania, fingirá dotar de mayor presupuesto a nuestros ejércitos. Vistos los primeros movimientos ha hecho, como en todo, trampa. Y lo hace porque además de ese odio patológico a la milicia que tiene la izquierda en general y el sanchismo en particular, une a ese enorme defecto el de una supina ignorancia. Tengo para mí que a Sánchez siempre le ha venido muy grande el traje de presidente del Gobierno.

Acaso hubiera sido apto para alcalde de un pueblo pequeño, con todas las desgracias que eso hubiera supuesto a los habitantes del mismo, o presidente de una Diputación insignificante que está solo para hacerle favores a quienes le dicen desde Ferraz, como el que colocó a dedo al hermanísimo. Pero ser presidente del Gobierno español es mucho más complicado, que requiere de capacidades intelectuales y morales de las que Sánchez carece. Ya no hablo de la parte ética y moral porque sería redundar en lo que vengo desarrollando a lo largo de estas páginas, a saber, que Sánchez es un amoral. Ojo, no un inmoral, puesto que eso equivaldría a reconocer que posee una moral, aunque la traicione. No es el caso. Sánchez es amoral porque carece de ella y no reconoce que tal cosa exista. Sumen ustedes ignorancia, *egomanía*, su amoralidad y verán como algo tan importante y decisivo como es la defensa de España y sus ejércitos al citado presidente le debe sonar a chino inventado por un peligrosísimo fascista.

Al elegir a la magistrada Margarita Robles hubo quienes pensaron que, por lo menos, la elección había sido correcta dado que en aquel Gobierno estaba, recuerden, Pablo Iglesias. Craso error. Robles ha sido exactamente igual que sus compañeros de Gabinete, plegándose a los deseos de su señorito con igual capacidad de genuflexión y acriticismo. Digo más: su caso es mucho más grave que el de gentes tan ignaras como Bolaños, Yolanda Diaz o Puente. Porque ella no puede esconderse tras la ignorancia. Robles —igual que Marlaska— son jueces, son personas que han estudiado una oposición dura, que han tenido una carrera en la judicatura difícil y en no pocas ocasiones exitosa a la hora de defender nuestro marco constitucional y combatir al crimen. No son dos cualesquiera y por tanto su sometimiento al vergonzante sanchismo les hace doblemente pecadores. No pueden alegar ignorancia, ni incapacidad, ni siquiera actuar de buena fe. Son reos del peor pecado posible: actuar mal a sabiendas.

Cuando llegue el juicio o los juicios en los que se encause al sanchismo por su actuación que ha sido de constante traición a España y a su orden constitucional, que llegarán, la señora Robles ya puede presentar un muy buen alegato porque le va a hacer falta. La gente de la calle, el pueblo, que no tiene por qué hilar fino como analistas y tertulianos, y acaso por eso siempre lleva razón, se ha preguntado en no pocas ocasiones dónde estaba el ejército en los momentos de mayor necesidad. Desde la defensa de nuestras fronteras en Ceuta y Melilla ante los saltos masivos —recuerdo cuando la frontera era tan solo una somerísima alambrada de metro y poco con un legionario detrás, el CETME terciado y cara de pocos amigos y ahí no saltaba ni Dios— a la llegada de pateras y pateras sin movilizar a nuestra Armada, que es eficacísima y de lo mejor que tenemos en cuanto a espíritu de sacrificio y cumplimiento del deber. O al impune tráfico de narco lanchas. O a desastres como la DANA, que hizo morderse los puños de impotencia, y lo sé muy bien, a centenares de militares que se preguntaban porque no se les daba la orden de partir inmediatamente para auxiliar a los valencianos en aquel horroroso trance. ¿Por qué, ministra?, sería mi pregunta en ese hipotético juicio. ¿Por qué ha dejado al ejército como algo decimonónico, útil solo para misiones de paz en el extranjero, algún que otro desfile ante el rey y poco más? ¿Por qué esa obsesión en esconderlo, en ningunearlo, en convertirlo más en almacén de burocracia que en una fuerza armada moderna? Ya no entro en las compras de material, en las enormes deficiencias de vehículos, aviones y naves, en las estúpidas leyes que obligan a nuestros militares a retirarse a una edad estúpida, en esa permanente fijación en que al generalato se acceda no por mérito, antigüedad u oposición sino por, pásmense porque esto no lo sabe mucha gente ¡por designación del Gobierno! Así, cada partido puede nombrar a «sus» generales lo que significa la adulteración de una carrera profesional que ni es fácil ni está bien remunerada y que, en no pocas ocasiones, puede costarte la vida.

¿Por qué, ministra? ¿Por qué no ha defendido usted a su gente, a los que, aun habiendo realizado con provecho el curso de acceso al generalato, se han quedado orillados en la cuneta al no tener filiación política alguna y mucho menos sanchista y que saben que no han de alcanzar jamás el empleo de general? Debo decir que, en el fondo, usted ha seguido los pasos que ya diera aquel malhadado político llamado Narcís Serra, que llegó a la cartera de Defensa con el encargo de cargarse a las fuerzas armadas. Nunca se vendió tanto patrimonio público como cuando Serra mandó, desde cuarteles hasta solares, desde campos de tiro a lugares de interés histórico. Serra fue derribando todo lo que pudo pieza a pieza y cuando abandonó su cargo para acceder al de vicepresidente del Gobierno —cayó precisamente por una serie de informaciones que lo acusaban de haber intervenido llamadas de forma ilegal, incluso las de su majestad don Juan Carlos I— la senda estaba trazada para que quienes vinieran después no tuvieran más que continuar donde él lo había dejado.

Uno cree que, además, ese odio africano hacia las FF. AA. nace de la enorme frustración que el rojerío tiene al haber perdido la guerra civil. De nada sirvió la Transición y el gran acuerdo que nos permitió reconciliarnos a los españoles. La izquierda más rabiosa veía al ejército como franquista. Eso, que podía entenderse en la década de los setenta-ochenta, si me apuran, tiene muy mal argumentario en el año en que escribo esto, el 2025. No queda nadie que sirviera a las órdenes de Franco en activo, igual que tampoco hay jueces, fiscales o policías, y el espíritu castrense, que se fundamenta en un tradición que va mucho más allá de la época franquista —que uno recuerde, ni Franco comandaba las tropas españolas en la batalla de Bailén, al frente de los Tercios de Flandes en Rocroi, en la toma de Granada o en la lucha de Viriato contra Roma— es atemporal. Los uniformados de hoy son gente profesional, preparadísima, con vocación de servir al pueblo y muy ajenos a politiquerías. Su partido es España y el orden constitucional. Y tienen una capacidad de morderse el labio y decir «a sus órdenes» mientras las tripas se las revuelven al ver como no se les dan los medios adecuados para mejor desempeñar su labor que ni es fácil ni es, por desgracia, frecuentemente reconocida.

No es la ultra derecha la que integra el conjunto de nuestros tres ejércitos, como tampoco lo es la del colectivo de jueces o fiscales. Ni la de los sacerdotes. Ni ningún otro estamento que ustedes quieran elegir porque a pesar de que Franco sea el mantra supremo del sanchismo, hace más dc cuarenta años que falleció.

He ahí la trampa. Franco fue militar, efectivamente, pero imaginemos que en lugar de eso hubiese sido dentista. ¿Cargarían contra esa profesión los sanchistas? Mussolini fue periodista. ¿Estigmatizarían a los plumillas por ese motivo? Y con Hitler, que fue pintor ¿Qué harían con los artistas? ¿Sospecharían de todos? ¿Restringirían la venta de lienzos y óleos, no fuera caso que surgiera de ahí otro dictador? No. Que Franco fuese militar —y, por cierto, de prestigio pues en su día fue el general más joven de Europa— es un añadido más a su odio contra toda institución que represente el amor a España, el orden, el sacrificio y la disciplina. Lo que odian es que el pueblo disponga de elementos que lo defiendan de las ideas social comunistas, he ahí el porqué de su fobia contra el ejército, la Guardia Civil o cualquier organización uniformada que tenga como misión hacer cumplir la ley.

¡Qué lejos estamos de la Francia que homenajea cada año al soldado desconocido, o del Reino Unido con su *Remembrance Day* que recuerda a sus soldados muertos, o del cementerio de Arlington en los EE. UU.! En España no existe una cultura de lo militar y es debido a que tampoco existe cultura de Defensa. De ahí que la ministra Robles crea que con hacerse una foto con casco, Kevlar y alguna pieza de camuflaje desplazándose para nada a un lugar más o menos conflictivo y bien lejos del fuego enemigo ha resuelto la papeleta. Y no, no es eso. Nuestras FF. AA. no quieren fotos. Quieren naves como las que le regalamos a Marruecos y de las que carece nuestra Armada y nuestra Guardia Civil; quiere vehículos terrestres como los que regalamos a Marruecos y negamos a nuestras tropas; quiere aparatos de óptica, armas automáticas, drones y tecnología punta como la que le regalamos a Marruecos y de la que carecen nuestros uniformados. Y sobre todo quieren respeto, el mismo que ellos tienen al Gobierno, a despecho de lo que sienta cada uno por dentro, que al fin y al cabo todos somos humanos. Un respeto que ha brillado por su ausencia con el sanchismo, siendo sustituido por el desprecio constante y agrio. ¿Por qué, ministra? ¿Por qué usted, que ni es comunista ni me atrevo a decir que socialista, se ha prestado a este juego? Esas preguntas le formularía a la ministra que no ha dicho ni mú cuando Sánchez se ha alineado con los enemigos de Israel, que es lo mismo que decir con los enemigos de Occidente. Una ministra, y perdonen la expresión, que es auténticamente un florero, puesto que nada decide. Recuerdo cuando Zapatero nombró ministra de Defensa, igual que usted, a Carme Chacón. Su gestión dejó mucho que desear, ciertamente, porque ya he dicho que el mal viene de lejos.

Pero habiendo tenido ocasión de tratar a la difunta Carme puedo decirle que, a pesar de su filiación profundamente socialista —y del PSC, que es agravante— sentía la pulsión de España y de sus ejércitos de manera sincera. Equivocada, pero sincera. No puedo decir lo mismo de usted y bien que lo siento, porque cada ministro es un mundo, pero tengo la impresión de que

Serra, Bono y usted han sido lo peor que le ha podido pasar a las FF. AA.

Lo hablaba en cierta ocasión con don Federico Trillo, cartagenero y miembro del Cuerpo Jurídico de la Armada amén de ex ministro de Defensa. Con sus aciertos y sus errores, don Federico no me pareció alejado para nada de ese espíritu que se precisa para gestionar cartera tan delicada e importante. La pasión es un elemento que, aunque no sea el único, debe estar asociado al desempeño de la función de gobierno que a uno le pertoque. Pero en este sentido todos los partidos acostumbran a configurar sus Gobiernos, y en especial las izquierdas, atendiendo a si hay igual cantidad de mujeres que hombres, a si se representan todas las «sensibilidades» del partido o los partidos que lo integran, a exigencias foráneas de grupos de presión —que las hay, y no son pocas— o a si le caes bien o no al presidente. No se trata de una selección por méritos y capacidades, es una lotería que, además, tiene el bombo trucado.

Pues bien, las carencias de esta manera de funcionar que, lo repetimos, es igual para todas las formaciones políticas, se acentúa cuando se trata de Defensa. Es un ministerio que debido a la tecnologización brutal que se ha visto en este terreno precisa de especialistas de altísimo nivel; precisa auténticos técnicos en geo estrategia porque el mapa donde se juegan nuestros intereses se ha ampliado a nivel global; es preciso formar de la mejor manera posible a especialistas en todos y cada uno de los ámbitos castrenses. Es decir, y para no cansar al lector, la idea que tiene el español medio acerca de que eso del ejército va de desfilar sin perder el paso, saber agarrar el chopo —fusil— sin que se te caiga y obedecer lo que te manden unos suboficiales vocingleros es más antigua que el hilo negro.

Lógicamente, al sanchismo ya le conviene que la ciudadanía viva de espaldas a la realidad de sus ejércitos y los conozca de referencias. Pero aquí los estrategas aprendices de brujo que moran en el complejo de Las Semillas, en Moncloa, desde donde emanan las directrices estratégicas sanchistas, se han equivocado de medio a medio.

La prueba la tienen cuando, por ejemplo, una nave de la Armada española recala en cualquier puerto importante. En mi Barcelona, y ya ven lo que es Cataluña a día de hoy, se forman colas kilométricas con familias, sus hijos, jóvenes, veteranos de la Armada y gente de todo tipo que quieren pisar el suelo de un buque de guerra español, y se extasían ante aquellos militares uniformados, y el enorme pabellón de España situado en popa. ¿Qué decir de las ferias de enseñanza que se celebran en mi tierra, por seguir el ejemplo y para demostrar que una cosa son los orates separatistas y otra muy distinta los catalanes? El stand más visitado siempre suele ser el de las FF. AA., porque los jóvenes saben que estas les ofrecen formación, trabajo, seguridad y valores. Ada Colau intentó prohibir la presencia de los uniformados en el Saló de l'Ensenyament, el Salón de la Enseñanza, pero fracasó. Mientras que otros stands claramente pro separatistas estaban vacíos, ante el de nuestros ejércitos se formaban colas kilométricas y se tuvo que enviar a más personal para atender a la multitud de jóvenes que acudían a sus ejércitos para informarse de cara a ingresar en sus filas.

Mención aparte merece el glorioso Instituto Armado, la Guardia Civil, que tiene para mí la misma relevancia que nuestros ejércitos. La Benemérita es uno de los objetivos prioritarios que tiene el sanchismo y la voluntad de destruirla es tan enfermiza y enorme que si ha resistido hasta ahora se debe al temple de sus integrantes.

Sánchez y su mundo odian lo que representa la GC porque, entre otras cosas y en su condición de policía judicial, tienen en la UCO, Unidad contra el Crimen Organizado, el auténtico Coco que atormenta sus noches y les provoca sudores fríos. Siempre bajo mandato judicial —ninguna fuerza ni militar ni policial puede actuar en España sin permiso de la superioridad civil, en este caso la magistratura— la UCO ha investigado todos los casos de presunta corrupción que acosan cada vez más al Gobierno. De ahí el odio cainita del sanchismo, porque todo lo que se erija como garante de la ley no les acomoda en absoluto.

Por eso la fontanería sociata conchavea con empresarios corruptos para a cambio de facilitarles información que pueda dañar a los miembros de la Benemérita darles perdones, inmunidad e incluso condonarles deudas. Lo hemos visto con el caso de la famosa Leire a la que cuando estalló el escándalo de las grabaciones que la comprometían nadie en el PSOE dijo conocer hasta que aparecieron cientos de fotos de ella con los máximos dirigentes sanchistas, entre ellos el mismo Pedro Sánchez que ya se escribía con ella desde el 2011. Las revelaciones del arrepentido empresario Aldama, el burdo engaño pergeñado para intentar colar que dos guardias civiles querían ponerle una bomba lapa en el automóvil de Sánchez, la persecución hacia el para mi general López de los Cobos, la del Teniente coronel Balas y me dejo muchos por no extenderme, ha sido una constante del sanchismo. Lo de la bomba lapa supuso un antes y un después, añado, en la intoxicación a la que Sánchez tiene sometida a la opinión pública mediante sus terminales mediáticas. Ya no se trataba de los bulos acerca de si habían recibido balas, navajas o se habían asaltado sedes.

El bulo de la bomba, aparte de mofarse de la infinidad de bombas lapa que, estas sí, existieron de verdad y eran colocadas por los bilduetarras que apoyan a Sánchez y le permiten seguir gobernando, tenía un objetivo golpista: se trataba de buscar un pretexto para endurecer las leyes contra la oposición, la prensa libre y la disidencia. Porque ese, lo repetiremos mil veces si es preciso, es el objetivo del sanchismo, acabar con la democracia que hemos tenido hasta ahora, instaurar una república similar a la que nos llevó a la guerra civil y crear una dictadura socio comunista en la que la gente que no comulgue con ella lo tenga muy difícil, ya no para ganarse la vida sino, pura y simplemente, para existir.

Todo esto dibuja un cuadro realmente preocupante. Con aquellos elementos que pueden, Dios no lo quiera, defender con las armas la democracia y la libertad maniatados, suprimidos, parasitados —la política de ascensos sería motivo ya no de otro capítulo si no de un libro entero— y, en suma, neutralizados, el sanchismo se asegura que cuando decida dar el paso adelante que tiene programado encontrará poca resistencia. O, al menos, eso es lo creen porque España es un pueblo ciertamente curioso. Aguanta mucho hasta que estalla, y si bien es cierto que el sanchismo ha tenido cierto éxito en polarizar a los partidos e incluso a parte de la sociedad, en Paiporta, por citar un caso, le dijeron de todo gentes de todas las ideologías. Porque quienes abuchean al ególatra de la Moncloa no piensan de la misma forma. Los habrá de derechas, de izquierdas e incluso eso tan español como el típico «yo no me meto en política». Pero les une un mismo sentimiento de repudio hacia la ruina a la que nos ha llevado este siniestro período de siete años en los que el sanchismo ha arruinado a España intentando minar todo lo que de bueno y noble tenemos como nación. La oposición al sanchismo es transversal, como dirían los modernos. La Némesis, que dirían los clásicos, mucho más sabios.

Por eso albergo la esperanza que las FF. AA., que son pueblo puesto que de él vienen sus integrantes, no se muestren indiferentes, de la misma manera que lo espero de la gente, ante un *coup d'ètat* dado desde la misma cúpula del Gobierno. Lo dije en cierta ocasión, nuestra Constitución se pensó desde un *panglosianismo* suicida. Pensaban nuestros padres constitucionales que no cabía en política un tipo como Sánchez. No calcularon que se pudieran retorcer las leyes y despreciarlas hasta los extremos que ha hecho el sanchismo. Esos errores del ayer nos han llevado hasta los dramas de hoy. De aquí que, superada esta etapa que acabará más pronto que tarde, nuestros políticos tienen que hacer un *reset* de país, reformulando las reglas de juego y prevenir que esto no pueda volver a suceder. No puede ser que la gobernabilidad de España recaiga en los herederos de ETA, en unos golpistas separatistas, en unos orates del *wokismo* y en los aventureros de la política que actúan con patente de corso.

El sanchismo puede ser, si nos lo proponemos, lo que nos vacune de cara al futuro para que entendamos de una vez que la política deben ejercerla gentes serias, honradas y respetuosas de las leyes.

Esta sería la gran lección que deberíamos aprender todos, como españoles, de estos tiempos tan siniestros y lesivos para España.

FUERZAS Y CUERPOS DE LA SEGURIDAD DEL ESTADO

Aunque en el capítulo anterior he hablado de la Guardia Civil, las fuerzas que integran el corpus de nuestra seguridad interior merecen apartado propio. Que alguien como Marlaska haya ocupado durante todos estos años el cargo de ministro del Interior es algo que hiere la sensibilidad democrática de todos, singularmente la de los integrantes de estos cuerpos que actúan bajo su mando. Lo cierto es que el PSOE tiene un relación turbulenta con la policía. Durante la República la infiltró, manipuló, retorció y empleó como elemento para liquidar a los opositores —digo bien, liquidar, véase el asesinato del líder de la oposición don José Calvo Sotelo— entregando el control de la misma a auténticos criminales que no dudaban en emplear métodos más propios de gánsteres de Chicago que de una policía democrática. Con elementos de su organización, coparon los puestos de mando y también los agentes destinados más a perseguir al contrario que a mantener el orden público o las mismas leyes que la República había creado.

Los sanchistas, que tienen a un líder que se reclama admirado del criminal Largo Caballero, omiten en sus edulcoradas versiones acerca de aquellos tiempos que la mayoría de las checas, prisiones en las que eran torturados y asesinados los españoles por el simple hecho de ir a misa, ni eran fruto de unos «incontrolados» ni tenían poco que ver con ellos, puesto que la mayoría de ellas tenía al frente a un socialista. Se ha mantenido durante mucho tiempo que aquello fue obra de «elementos incontrolados» o de los comunistas que actuaban al amparo del NKVD, y del terrible SIM, el servicio secreto republicano de tristísima memoria. Pero recientes investigaciones demuestran que, si bien hubo muchos comunistas implicados en aquella orgía de sangre, los socialistas no fueron ajenos ni mucho menos en aquel montaje represivo criminal, como tampoco lo fueron de los campos de concentración —de trabajo, decían ellos— en los que también se llevaba a los presos hasta la muerte por la extenuación, los malos tratos, el trabajo inhumano o, simplemente, el asesinato. Los que ahora se envuelven en banderas palestinas y acusan a Israel de estado genocida omiten piadosamente que ellos fueron pioneros en el exterminio del disidente. ¿Qué esto no sirve para justificar lo que sucedía en el otro bando? Evidentemente. Pero lo que no es de recibo es acusar sin asumir, que si en el bando nacional hubo malos tratos, sacas y crímenes no fueron menores los perpetrados en esa República que nos quieren vender como idílica y justiciera. Digo más: fueron, comparativamente hablando superiores en número.

He ahí la idea que los sanchistas tienen de la policía: un órgano al servicio de sus intereses, ideológicamente de izquierdas y sometida al dictado del Gobierno. Por citar algunos casos, ahí tienen el de Nacho Cano, al que se detiene —por la policía— bajo falsas acusaciones de explotar a trabajadores. Luego se demuestra que todo es falso, comenzando porque los mismos implicados, los becarios, niegan la veracidad de las acusaciones. Se le hace pagar al músico un grave delito de pena de telediario por una simple razón: defiende a la presidenta Ayuso públicamente y sin cortapisas.

Ergo, se le envía a la policía bajo una acusación que se ha revelado falsa de todas todas. Que el responsable de tan vergonzosa actuación —parecía que iban a detener a un capo del narcotráfico— haya sido posteriormente ascendido por el Ministerio creo que da la medida de como el sanchismo es capaz de infiltrarse incluso entre los mejores. Esa es la realidad que viene siendo denunciada por los propios sindicatos policiales. El enchufismo, los trepas y los malos compañeros existen aunque la mayoría de nuestros uniformados sean todos de una integridad a prueba de balas, y nunca mejor dicho.

El sanchismo, a diferencia de cuando la República, ha mantenido una táctica distinta con las fuerzas de orden público. En lugar de infiltrarlas con elementos de su ideología ha preferido comprar a este o aquel. La inacción de la que se quejan los ciudadanos a los uniformados en asuntos de delincuencia obedece básicamente a las ordenes que reciben desde «arriba». Los españoles debemos comprender que un policía no puede sacar su arma reglamentaria, y mucho menos hacer uso de ella, sin exponerse a una suspensión y un proceso que tiene más de inquisitorial que otra cosa. Las balas están contadas, las armas son anticuadas, los métodos como las tanquetas de agua no se emplean y ahí están, acumulando polvo. Por otra parte los Z, los vehículos, están cada vez más viejos y gastados. Se les va limitando su capacidad de actuación a base de irles recortando los medios, con lo cual la desesperación de nuestra policía es total.

Por otra parte, el sectarismo sanchista afecta también a la funcionalidad operativa policial. Véase la exigencia separatista de que se retiren de Cataluña todas las unidades de Policía y Guardia Civil en beneficio de los *Mossos*. Craso error. Los mismos campesinos del Pirineo piden a gritos que no se vaya el Seprona de la Benemérita porque saben que sin ellos estarán desamparados.

Otro aspecto preocupante en este apartado es que la policía autonómica sí está infiltrada de separatistas, como bien se pudo comprobar cuando el mal llamado referéndum. La pasividad, cuando no complicidad, de algunos agentes de los *Mossos* fue total y está grabada en infinidad de documentos gráficos. De las unidades de información dependientes de este cuerpo y de la Consejería correspondiente podríamos decir otro tanto. Su fiabilidad es poca y sus informes suelen estar sesgados siempre hacia el separatismo lo que supone que apoyarse en ellos y retirar a los servicios de información de policía y Guardia Civil de mi tierra sea poco menos que suicidarse. Ya no les digo nada acerca del CNI, que tiene desmontada en su práctica totalidad la antena, es decir, su corresponsalía, para Cataluña habiéndose quedado en la mínima expresión.

En democracia, el monopolio de la fuerza en la calle lo detenta la policía mediante autorización judicial. Si eso se cambia por dejar a las turbas el control de la vía pública mediante una policía dócil, con escasísimos medios y la orden de no moverse, el panorama que se dibuja es terrible. Vean lo sucedido en París cuando la victoria del *Paris Saint Germain*. Cuando se llega a tales extremos de vandalismo solo queda el ejército.

Es la pregunta que se hace la ciudadanía ¿quién protege la propiedad privada en España? Porque cualquier puede robarte, violarte, ocupar tu casa o asesinarte y no diré que se salga de rositas pero si tiene muchos números para que no le pase nada. No es un argumento ni de derechas ni de izquierdas. Es la realidad, esa realidad con la que trabajan a diario nuestras fuerzas del orden, negada constantemente por las estúpidas políticas del sanchismo, más pendiente de pintar puntitos morados en el suelo que de incrementar la plantilla de policías que, esos sí, si pueden garantizar que las mujeres puedan pasear seguras por las calles.

No es baladí recordar que en situaciones de gran convulsión social es cuando los extremistas se encuentran más cómodos y eso es lo que piensa el sanchismo. Con unas ciudades y pueblos aterrorizados por el crimen y unos medios entregados a propagar tan solo las consignas del régimen la población estará asustada, y a un pueblo con miedo es mucho más fácil hacerle pasar por el aro de la dictadura. De ahí que con respecto a la Guardia Civil se haya intentado muchas veces disolverla. Ya lo quiso hacer Felipe o Zapatero y Sánchez no es ajeno a ese deseo. De hecho, en la República se disolvió, reconvirtiendo a sus integrantes en la Guardia Nacional Republicana. Porque, no nos cansaremos de decirlo, el sanchismo tiene como único objetivo cambiar el régimen desde dentro hasta que no quede nada del mismo y lo que surja sea una república confederal de carácter marxista.

Si Sánchez no cae —ya veremos en qué le afectan los escándalos de Leire, Aldama, Santos Cerdán *et altri*— podríamos ver reconvertidas y fusionadas a Policía Nacional y Guardia Civil en un solo organismo, la Seguridad Republicana. Ese es su máximo objetivo, una fuerza armada que sirva como instrumento represivo —cuando vimos a los policías reprimir a las gentes que rezaban el rosario en la calle Ferraz tuvimos un anticipo de esto que digo— y si esto llegase a pasar y se creara una sucursal del SEBIM venezolano estaremos perdidos y de vuelta al treinta y seis.

INMIGRACIÓN: EL CABALLO DE TROYA DEL SANCHISMO MÁS *WOKE*

El sanchismo no es más que llevar hasta sus últimas consecuencias todas las consignas mendaces, medias verdades e interesadas mentiras que la izquierda ha propalado desde el mayo del sesenta y ocho. Se pueden aplicar mejores descripciones, no lo dudo, pero creo que nadie pondrá en duda que Sánchez y sus socios han forzado la máquina política llegando hasta el paroxismo en temas como las peregrinas teorías acerca de la crisis climática ampliamente refutadas por científicos y la misma naturaleza —en el momento de escribir esto el Ártico tiene más hielo que nunca, por decir algo, y mientras a los españoles no se les permite circular con un vehículo que no cumpla las normativas de emisión de gases por el centro de las ciudades, con lo que muchos trabajadores tienen infinidad de problemas, a la principal emisora de contaminantes en la atmósfera que es China nadie le dice ni mú—, el feminismo *woke*, la globalización política con la consecuente pérdida de poder de las naciones y el tema que nos ocupa en este apartado: la inmigración ilegal que en Europa y singularmente en España tiene por bandera la proveniente de lugares donde el Islam es el eje vertebrador de los pueblos.

A veces la gente me pregunta por calle —eso de salir en la tele o escribir en los papeles parece que te de una carta de autoridad suprema en todo que servidor jamás ha aceptado para sí ni acepta en los demás— cosas como cuándo caerá Sánchez, si es verdad que Cataluña está más tranquila, cómo fue mi paso por el PSC y otras hierbas.

Pero una de las cuestiones que más veces se plantea, y llevo bien la cuenta, es por qué existe esa lasitud rayana en lo criminal respecto a los delitos que comete la inmigración ilegal, por qué no se la combate antes que ponga pie en nuestro suelo, por qué se obliga a no decir de dónde es oriundo el delincuente, en fin, ¿qué pasa con esas gentes que, mayoritariamente provenientes de países musulmanes, y que parecen tener patente de corso para delinquir, imponernos sus costumbres como el nicab en las escuelas, las piscinas solo para niñas, los menús halal, los cortes de calles porque deciden orar cortando el tránsito en plena calle sin pedir permisos ni nada que se le parezca, los negocios ilegales que ocupan los comercios del barrio de toda la vida y como de la noche a la mañana vemos transformados en tiendas que venden carcasas de móviles o supermercados *une peau sale*, dicho en francés? Por aglutinar las dudas, ¿qué tiene ese colectivo que los hace inmunes a nuestras leyes para que la administración sanchista los proteja, acoja, les de beneficios en materia de pagas, viviendas, becas de comedor escolar, indulgencia policial y todo tipo de ventajas de las que no disfrutan no ya los propios españoles, sino otros colectivos emigrantes? No existe ninguna otra cultura que se pase por el forro nuestro ordenamiento jurídico, social y vecinal como esta.

No todos, por supuesto, recuérdese que estamos hablando de inmigración ilegal, de la que no ha venido a trabajar sino a sustituir nuestra civilización por la suya, de la que nos ve como a Enemigos a destruir según braman los imanes más desaforados en sus plegarias. La religión o la procedencia del inmigrante no es relevante cuando se habla de personas que vienen a encontrar en nuestro país oportunidades que en el suyo no encuentran. Excuso decirles si huyen de la guerra. Hago esta salvedad porque la turbamulta progre siempre está presta a echarse encima de quien discrepe del dogma aparentemente buenista del papeles para todos y si no comulgas con eso eres un nazi, un facha, un peligroso elemento de extrema derecha.

No, queridos, queridas y querides, de lo que se trata es de hablar de las consecuencias de vuestros actos políticos y del por qué los lleváis a cabo. Recuerdo las huelgas de hambre producidas a finales del siglo pasado en Barcelona en la Basílica de Santa María del Pi que tuvieron un tremendo impacto mediático, y gozaron del apoyo de partidos zurdos y de la mismísima Iglesia. Ruido hubo mucho, desde luego; ayuno, bastante poco y bien puedo decirlo porque entonces yo estaba ligado sentimentalmente a una señora que se ocupaba de estos asuntos y lo pude vivir en primerísima persona. No he visto jamás a huelguistas de hambre en mejor forma física. Todo el mundo gritaba consignas que después hicieron furor: «¡Queremos acoger!» y «Papeles para todos!». Vi entre los huelguitas a un conocido sirio, musulmán y miembro del partido comunista de su país que aquí se ganaba la vida trabajando como liberado de CCOO. Me extrañó, y al decirle que hacía allí si tenía nacionalidad española, se ganaba muy bien la vida y no tenía queja alguna me respondió: «Es que conviene la agitación porque el tema inmigratorio va a ser el que más mueva a la gente de cara a las próximas décadas».

Como supongo que me creía todavía vinculado al PSC, aproveché la confusión y conseguí que me confesara que: «La izquierda europea se ha vuelto floja, pactista, débil. Nosotros —refiriéndose a la izquierda proveniente de los países árabes— somos su reemplazo aunque eso tenga que llevar a imponer otro modelo cultural basado en las leyes sagradas del Corán». Yo fingí no aterrorizarme y le repuse: «O sea, la dictadura del proletariado bajo el manto de Alá el Todopoderoso» y como respuesta me sonrió.

Por eso afirmo que después de tanto tiempo machacando con las consignas de pretendidas organizaciones democráticas anti racismo, muchas de ellas subvencionadas por fondos secretos de los servicios de información de este o de aquel país árabe o por las fundaciones de Soros, el mensaje ha calado tan profundamente en la sociedad española que solo ahora, cuando se ve a nivel de calle los terribles efectos a los que nos ha llevado esa política suicida de dejar entrar a todo el mundo sin exigirle la menor identificación, ni antecedentes penales, ni saber si tiene trabajo o lugar donde dormir cuando el pueblo percibe la monstruosidad que ha perpetrado la izquierda con el concurso de un PP entregado al miedo de que no le llamen facha.

El mal ya está hecho y hemos visto como hay pisos en Barcelona, ¡gracias Colau!, donde están empadronadas más de mil personas; con ese papelito tienes derecho a sanidad, prestaciones sociales, dinero y lo que haga falta; hemos visto —lo he visto yo— a una funcionaria amenazar con retirarle la paga a un sujeto porque lo habían visitado varias veces en su aparente domicilio y ahí no había ni Dios. ¿Qué pasaba? El tipo vivía en Marruecos con su familia trabajando como pescador y recibía cada mes su paguita por cada hijo, más otras subvenciones. Y el tío se puso como un energúmeno. Suerte que la asistenta social que lo atendía no formaba parte de ese grupito de *Flower Powers* que creen que el trabajo social es hacer informes con papeles de colorines, *power point* con frases extraídas de canciones de John Lennon y convocar actos contra el heteropatriarcado en los que se tocan los tambores de manera terriblemente mal mientras unas señoras agitan las lolas desnudas en acto de rebeldía. El pájaro en cuestión salió acompañado por la fuerza pública, pero mucho me temo que es una excepción. Y lo malo es que seguro que hay mucha gente que precisa ayuda, pero, y es el momento de decirlo, existe una mafia pura y dura que abarca ese gran negocio que se llama inmigración.

Desde el traficante de esclavos que les consigue un pasaje en un cayuco mísero y a punto de hundirse a precio de oro a la gente que los ha de recibir, acoger y aconsejar legalmente en España, todos viven de la inmigración ilegal. Es un tráfico infame de carne humana, una supervivencia moderna del tráfico de esclavos, una vergüenza para España y para Europa. Existe una mafia, asimismo, de organizaciones pretendidamente sociales que del presupuesto que obtienen del erario público destinan el ochenta por ciento a sueldos y el resto, se supone, a los inmigrantes, y la política sanchista tiene mucho que ver con eso.

Eso por un lado. Por el otro existe lo que yo denomino la inmigración ilegal útil para unos partidos e inútil para los otros. O lo que es lo mismo, hay inmigrantes que son apropiados por una ideología que forme parte del sanchismo y otros, en cambio, los aprovecharán otras formaciones sanchistas. Hablemos del caso catalán. Hace mucho tiempo que el tradicional departamento de los socialistas catalanes que se ocupaba de mantener estrechas relaciones con las casas regionales, singularmente con la *Feria de Abril*, para fomentar el voto socialista haciéndoles creer que el PSC también les representaba a ellos, lo cual era falso pero los cheques que les daban no lo eran, digámoslo todo, fue viendo que existían otros caladeros donde pescar. De ahí nació que, si antes determinados líderes del PSC igual se iban a bailar sevillanas que a comer un cocido gallego, cambiaron sus hábitos por el de trasegar cuscús y cordero halal a punta pala. A ese *mariàge de raison* ayudó mucho las buenísimas relaciones que mantenían los socialistas catalanes con los partidos de izquierda y sus asociaciones en Cataluña de países como Siria, Líbano o Libia por citar solamente algunos ejemplos.

Toda esa gente se apuntó como un solo hombre al partido y, claro, votaban en las agrupaciones, federaciones y congresos al candidato que se les indicaba desde la cúpula del partido. Pues bien, en el PSC se convirtieron en favorecedores de colectivos como el pakistaní, que es gente que no presenta problemas de orden público, se dedica a sus negocios y se mantienen alejados de las polémicas, se dedicaron a cultivarlos, a agasajarlos, a darles cancha en las agrupaciones locales, singularmente en la de *Ciutat Vella* de Barcelona, mi distrito, donde acudieron a votar en masa —algunos sin ni siquiera leer español o entenderlo— cuando las primarias para elegir al candidato socialista a la alcaldía de la ciudad.

Es un ejemplo menor, si se quiere, pero demuestra lo que el sanchismo, especialista en apañar urnas detrás de cortinas, puede hacer con los inmigrantes.

Por descontado, el uso de esas gentes a las que citan en tantas ocasiones los sanchistas en sus lacrimógenos discursos acerca de la maldad de Israel y las bondades del Islam —Sánchez ha dicho en público que es partidario de Hamas— van acompañados de una fidelidad perruna. En no pocos informativos suele verse a jóvenes *jovenlandeses* gritar «¡Que viva Pedro Sánchez, muera VOX!». No una, ni dos, ni tres ni diez veces. Es usual y corriente verlo en todas las ciudades españolas. Porque saben muy bien quien es la mano que les da de comer. Ignoran, supongo, que el sanchismo los utiliza porque creen que son ellos quienes lo utilizan a él en su vasto plan de darle la vuelta a Europa y convertirla en otra cosa, en un super estado regido por la Sharía.

Es una lucha interesante de analizar pero peligrosísima de vivir, porque gane uno u otro el final de nuestra civilización sería el mismo y no habría posibilidad de salvación alguna.

Veamos las tipologías de inmigrantes ilegales, los captados por la falsa «solidaridad» sanchista que llegan a España con su propia agenda oculta de colonización cultural, social y política. Está el que llega a Cataluña que es el lugar de Europa, todo sea dicho de paso, en el que se halla una mayor concentración de mezquitas y madrasas o medersas —escuelas islámicas en las que se enseña la Sharía altamente radicalizadas— así como de imanes que predican la yihad.

El nacionalismo de Pujol y sus herederos ideológicos, socios de Sánchez, no lo olvidemos, siempre han preferido al musulmán antes que al inmigrante venido de Hispanoamérica. Al segundo se le hace raro tener la obligación de aprender una lengua que le resulta extraña y ajena, el catalán, sabiendo emplear el español que es común a todo el ámbito hispano americano. Pujol siempre vio en los colectivos de inmigrantes que no tuvieran a la lengua de Cervantes como propia mucho mejor para sus fines que los que tuvieran al español como lengua nativa. Lo han imitado los separatistas de Esquerra o las CUP, estos últimos añadiendo además su antisemitismo visceral.

El PSC, seguidor de los postulados nacionalistas, los ha secundado, amén de la explicación antes dada. Esa pasividad, cuando no favorecimiento de la emigración islámica, ha provocado auténticos problemas de convivencia social. Barrios como El Raval de Barcelona, Can Anglada en Tarrasa o ciudades enteras como Vic, Gerona, Figueras e infinidad de lugares más tienen auténticos guetos en los que la vida cotidiana transcurre igual que en Marrakech o en Esauira.

Tal anormalidad ha provocado dos cosas: la primera es que los partidos que se negaron durante años a adoptar una postura pública respecto al problema inmigratorio, porque esto no ha sucedido de un día para otro, tengan que ceder ante la evidencia palmaria de que algo no va, como el auge de partidos abiertamente partidarios de la regulación de esa inmigración irregular y con fines poco claros. Debido a esto ha surgido una formación política separatista pero de marcado carácter anti inmigración como es Aliança Catalana cuya líder, Sílvia Orriols que es alcaldesa de la ciudad de Ripoll y diputada al parlamento catalán, capta cada vez más a militantes e incluso cargos de Junts, los herederos del pujolismo. Es tanto así que Puigdemont sopesa la necesidad de llegar a pactos con la pujante formación de Orriols a pesar del «cordón higiénico sanitario» que el resto de fuerzas *wokistas* del parlamento catalán han impuesto. Fue Junts, precisamente, quien a última hora decidió frenar una moción de censura pactada por todos los partidos para descabezar a la líder de Aliança de la alcaldía. Eso, por el lado separatista.

Por el constitucionalista, tenemos a VOX que no para de crecer en lugares como la citada anteriormente Tarrasa, feudo tradicional socialista, donde los vecinos están hartos de la invasión a la que se ven sometidos ante la complacencia del actual alcalde ex socialista, aunque impregnado al cien por cien de la ideología sanchista. Esos son los frutos que el sanchismo está empezando a cosechar con su suicida política inmigratoria, de consecuencias mucho más graves de las que parece.

No hay más que recordar el trágico atentado terrorista de Las Ramblas. De aquellos cánticos seráficos en la Basílica del Pi que antes mencionábamos, de aquellas pancartas que Colau colgaba del balcón del Ayuntamiento luciendo eslóganes como «*Volem acollir!*», de presentar querellas por parte de organizaciones como SOS Racismo contra Xavier García Albiol por xenófobo —actualmente es alcalde de Badalona con mayoría absoluta, hecho increíble para alguien del PP en una ciudad de tradición histórica socialista— hemos llegado a lo que muchos dijimos en su día.

Eso, en lo que respecta a la parte de Cataluña que, siendo importante, no es el conjunto de toda España. ¿Qué pasa en las Canarias o en Andalucía, por ejemplo? ¿Por qué el sanchismo, a través del ministro Marlaska distribuye a los inmigrantes a voleo entre todas las autonomías? ¿Por qué un alcalde o un presidente de Comunidad Autónoma se los tiene que comer con patatas fritas aunque no quiera? ¿Qué ha pasado con los vuelos nocturnos clandestinos que desde Canarias llevaban a territorio peninsular a cientos de inmigrantes? ¿Por qué se les llama «menas» si no son niños, ni están desprotegidos, ni huyen de ninguna guerra, siendo todos jóvenes, varones, en perfecta forma física y en edad militar? ¿Por qué si no tienen nada llegan provistos de teléfonos de última generación? Intentaremos dar respuesta a todos esos interrogantes con el fin de aclarar hasta qué punto el sanchismo ha sido una suerte de Quinta Columna que da nombre a este libro.

En primer lugar está el hecho de que Marruecos, principal canalizador de la entrada de inmigración ilegal a nuestro país posea los supuestos secretos que alberga el teléfono móvil de

Sánchez merced al programa Pegasus. Claro que también los tiene Israel, creador de esta tecnología, y eso no le ha impedido al presidente cargarse la relación que teníamos con el único socio fiable de Oriente Medio en cuanto a sistema democrático, respeto a los derechos humanos, capacidad de inversión económica y, cuidado con esto, proveedor de municiones y armas para nuestros ejércitos y policías. Que las relaciones con Rabat son oscurísimas lo indican varios factores. En primer lugar, la antena del CNI se ha desmontado casi en su totalidad. ¿De verdad no le interesa a la inteligencia española saber qué se cuece en casa de nuestros vecinos más conflictivos? Después está el viraje de 180 grados respecto a la política española con el Sahara: se lo hemos regalado por completo a la monarquía alauita sin nada a cambio. Eso, tras haber provocado una crisis por dar asilo para que fuese hospitalizado y pudiera efectuarse una intervención quirúrgica al líder del Frente Polisario. ¿Cómo se come eso? Ni que decir tiene que Sánchez ha hecho esto sin acudir al Parlamento a dar explicaciones, sin consensuarlo con la oposición y, lo máximo, hablarlo siquiera con sus socios de Gobierno que pillaron un cabreo del quince.

Sánchez mudó de opinión —cambio de parecer, según él— de la noche al día y ahí sigue, subvencionando con tres millones a un hospital marroquí cerca de la frontera con España mientras en nuestro lado de la valla existe otro hospital al que los vecinos denominan como fantasma porque está en ruinas siendo de auténtica necesidad que se restaurase.

La policía marroquí dispone de vehículos de los que carece la nuestra, de lanchas que nosotros no tenemos, de armamento y dispositivos avanzados que en España no se les dan a nuestros uniformados.

Y se trata a los inmigrantes que llegan a nuestras costas a cuerpo de rey. Señalemos que muchas de las víctimas del volcán de La Palma siguen viviendo en barracas cochambrosas mientras que a los supuestos menas que llegan se los aloja en hoteles de cinco estrellas. Inaudito.

Es evidente que la laxitud con la que se afronta el problema de la inmigración por parte del sanchismo, amén de las causas explicadas anteriormente, tiene un componente personal: Sánchez parece tenerle pánico cerval a que Marruecos desvele vaya usted a saber qué información guardada en su móvil. Es una tesis plausible pero terrorífica. Tener a un presidente chantajeado por una potencia extranjera es casi de novela de espías.

En ese sentido, aunque nos apartemos un poco del tema, la política exterior del sanchismo ha degradado la imagen de España a niveles que jamás se conocieron. Somos un país BRIC, unos parias que no cuentan para nada. Nos alineamos con Hamas, reconocemos un inexistente estado palestino, trabamos relaciones comerciales entre las que se cuentan la de la compra de armas a China, apoyamos *narcodictaduras* sudamericanas como la cubana o la venezolana, ninguneamos a las oposiciones democráticas de ambas naciones, los servicios de inteligencia rusos campan a sus anchas por España sin que nadie los controle ante la alarma de los EE. UU., Reino Unido o Francia, compramos gas a Putin, fingimos apoyar a Zelensky, pero luego le enviamos chatarra en lugar de armas, en fin, charco que ve Sánchez, charco en el que se mete. Eso, por no hablar de los rifirrafes con el presidente de una nación hermana y tan querida como es Argentina, Javier Milei, o el desprecio con el que tratan a la que hoy por hoy es la auténtica líder de una Europa agotada, vieja, podrida hasta la medula y desahuciada como es la vibrante italiana Giorgia Meloni.

Sánchez ha hecho con todo ese asunto, volviendo a lo que nos ocupa, un paquete con lazo. Cualquier cosa que no sea lo que yo diga se convierte, automáticamente, en fascismo. De ahí que cualquier Comunidad Autónoma que se queje de los menas que le manden es facha. Esa es la otra cara de la inmigración ilegal. Sánchez sabe que esa política errática, sin criterio y basada en sus intereses personales por mantenerse en el poder y no en los intereses del estado y de la gente, acaba siempre provocando conflictos. Cuando estos estallen, él podrá lavarse las manos y decir que eso son cosas de las CCAA y que, citando su horrible frase cuando la DANA, «Si necesitan ayuda, que la pidan». De ahí que el cupo que le pertoca a Madrid sea enorme. Sánchez sabe que ya que existen bandas organizadas suficientemente potentes y con un respaldo social muy fuerte como para asaltar comisarías de los Mossos en Cataluña, robarles las armas y volver luego a sus ghettos sin que nadie diga nada ni pase nada. Es la *omertá* en versión *jovenlandesa*. Sabe que hay pueblos enteros en los que vivir a la española es imposible, que en el archipiélago canario esto ya sucede, que no es una pura especulación, por el simple hecho de la cantidad abrumadora de inmigrantes llegados y la escasa población local. Sánchez sabe que toda esta gente son votos para él. De ahí sus prisas en otorgar la nacionalidad española a miles y miles de estas gentes, contraviniendo los principios legales de igualdad y justicia.

Digo igualdad porque para obtener la nacionalidad norteamericana, de entrada, usted ha de justificar su presencia legal en ese país, tener un trabajo y la visa verde, no tener antecedentes policiales de ningún tipo y, con el tiempo, presentarse a un examen que versa acerca de la Constitución e historia de los EE. UU. Si usted lo aprueba pasará a ser ciudadano del país de Washington con los mismos derechos y deberes que cualquier otro, salvo el de poderse presentar a presidente porque eso queda reservado solamente a los nacidos en suelo norteamericano. Aquí vemos —como en el Reino Unido, ojo, que no solo aquí cuecen habas— a gente, que ni se ha integrado ni ganas, ostentar cargos de representación pública con la mayor desenvoltura. Que la creación de un partido islamista a nivel nacional —a nivel local ya existen agrupaciones de electores de ese tipo— sea un secreto a voces y que los fines del mismo sean los de potenciar la islamización de España al sanchismo le da igual.

Es debido a lo anteriormente dicho que, de todos los delitos que ha cometido el sanchismo, este sea a juicio de quien esto escribe el peor de todos: vender a su patria. Aunque, lógicamente, para el sanchismo no existe una patria concreta. Está al dictado de las organizaciones *wokistas* internacionales y solamente ellos *Bildelberg, Davos, el Bohemian Club, la Trilateral* y demás fantasmagorías plutocráticas y elitistas se reconocen en sus propias patrias. El resto, para ellos, no cuenta.

Las oscuras relaciones el sanchismo con el mundialismo *woke*

Habrá que recordar que la primera visita que recibió Pedro Sánchez al llegar a Moncloa fue la de George Soros, el multimillonario que maneja los hilos de la siniestra *Open Society* de la que dependen la mayoría de las mal llamadas organizaciones filantrópicas, arietes de batalla del *wokismo* internacional. Nada sabemos de lo que allí se dijo porque era un encuentro «fuera de agenda» y no existe ninguna nota de mismo. Al salir de Moncloa, Soros se fue a cenar con dos destacados dirigente socialistas de esos que se acostumbran a mover entre bambalinas sin que ello signifique detentar un poder pequeño, al contrario. Uno de ellos era el omnipresente Narcís Serra.

Cuentan algunas personas vinculadas con los servicios de inteligencia que se dijeron cosas importantes, especialmente en lo que afecta a las relaciones económicas que debía mantener el nuevo Gobierno socialista recién nacido de la moción de censura. También en las políticas internas, tanto en lo que afectaba a la elección de ministros como a la actitud del Gobierno con el separatismo catalán y los bilduetarras. Juzgue el lector si eso que me cuentan dichas personas tiene visos de realidad o no, porque yo no puedo afirmar que sea cierto o falso.

Soros les repitió lo que, según el, le había dicho a Sánchez: España debía reconducirse hacia un estado confederal asimétrico, con Cataluña y las Vascongadas en cabeza mediante una serie de consultas populares, retorciendo la Constitución, para lo cual era imprescindible que el Gobierno controlase el Tribunal Constitucional con alguien afecto. Para crear un clima de adhesión al Gobierno se debía machacar con el mantra del fascismo, acusando a todos los partidos de centro derecha y derecha —recuerden, entonces existían amén de PP y VOX, Ciudadanos— todo tendiendo a un solo fin, derrocar al rey, instaurar una república y situarla en la órbita de los países satélites del siniestro imperio oculto que manejan quienes le dictan las órdenes a Soros puesto que el no deja de ser un viajante de comercio que da la cara. Nunca crean que quienes vemos en los informativos televisivos son los que deciden realmente nuestros destinos. Son aquellos de los que nadie sabe nada los anónimos dictadores del mundo, los que viven en sus fortalezas lujosas protegidos por ejércitos de seguridad privada quienes deberían interesarnos.

Pero no hay que hablar de esto. ¡Silencio! se nos advierte cuando intentamos rasgar ese velo de Isis. ¡Conspiranoicos! se nos acusa para intentar desprestigiarnos. ¡Locos! argumentan los más sesudos analistas. Pero que se niegue la evidencia no equivale a eliminar la posibilidad. Creo y hago mía la tesis que ya expusieron hace mucho tiempo los autores de *El retorno de los brujos*, Pawels y Bergier, acerca de que existen diversas «centrales de energía» por llamarlas de alguna manera que se disputan la hegemonía global. El misterio, cuando no está prostituido por los intereses puramente económicos o por la mixtificación del vanidoso, existe.

Como ejemplo me gusta citar siempre que sale este tema la anécdota de Napoleón, que decidió pasar la noche solo, en el interior de la pirámide de Keops durante su expedición militar a Egipto. Se instaló en la Cámara del rey. Al amanecer salió de la pirámide con el rostro demudado, transfigurado, pareciendo casi otra persona. Al ser preguntado por sus hombres qué le había sucedido, el gran corso respondió: «Si os lo contara no os lo ibais a creer».

De la misma manera, si dijéramos la cantidad de políticos afiliados o seguidores de diversos cultos o sectas de las que jamás se habla públicamente el ciudadano medio se quedaría asombrado. No se trata de un problema de libertad espiritual, allá cada uno con sus creencias. De lo que estamos hablando es de que el mundo, y por descontado España, se rige en no pocas ocasiones desde habitaciones en la que se reúnen una docena de personas, generalmente desconocidas para la gran masa, que tienen la capacidad de decidir qué pasa en tal o en cual país. Son el gobierno que no da cuentas a nadie porque nadie lo ha elegido, son la gente poderosa que cuenta con el apoyo de la gran finanza internacional, de las élites, de esa plutocracia que solo nos ve como ganado del que obtener beneficios. Cuidado, y no doy nombres porque son irrelevantes. Cuando una de sus marionetas cumple con su misión, se equivoca o cae en desgracia se la sustituye por otra de similar corte moral.

El relativismo atroz que padece la sociedad occidental es fruto de esa ideología fabricada ex profeso para la gente. Todo vale, todas las religiones son igual de buenas o de malas, todo lo que signifique autoridad es malo, siempre que no se ejerza por quien el sistema te dice, todo lo que se aparte un milímetro del dogma imperante es anatema y hay que desterrarlo, combatirlo o eliminarlo. El mismo rechazo del concepto del Bien y del Mal indica claramente la finalidad de esta ponzoñosa manera de conducir a la sociedad como un rebaño de borregos. Todo será bueno si te lo digo yo. ¿Y quién es ese yo? Los grandes medios, las grandes corporaciones, los políticos, los partidos, las asociaciones, incluso la industria del espectáculo. El objetivo es conseguir una sociedad a nivel planetario sin naciones estado en las que todo sea homogéneo, en las que la religión como fenómeno interior y espiritual individual quede sustituida por una serie de vaguedades como la Pachamama, la supresión de los dos sexos tradicionales, la incultura como forma de libertad, la erradicación del libre pensamiento, de la rebeldía social, de las ideas que choquen contra lo *woke*. Ese proceso, larvado durante años, se ha manifestado con violencia en la última década siendo su epítome la epidemia del COVID, el mayor experimento de ingeniería social que jamás haya visto la humanidad.

Se nos encerró en nuestras casas, se nos obligó a vacunarnos ante un virus del que ahora sabemos que surgió de un laboratorio chino en Wuhan con la participación económica de los EE. UU., se nos metió el miedo en el cuerpo, se nos obligó a llevar mascarillas, se fracturaron relaciones familiares y sociales, se paralizó la economía, se le dio la vuelta como a un calcetín a lo que hasta aquella fecha se consideraba «lo normal». ¿Y cuáles han sido los resultados? Que todavía no sabemos quiénes fueron los culpables, quiénes estaban detrás, quiénes obtuvieron beneficios multimillonarios y mucho menos se los ha llevado a juicio. Sabemos, eso sí, lo débiles que nos mostramos ante aquel ensayo de dictadura global, pues no fue otra cosa.

El sanchismo, por cernirnos a España, nos confinó ilegalmente, cerró el parlamento ilegalmente, nos mintió deliberadamente en cuanto a número de víctimas —todavía ignoramos la cifra—, se nos hablaba de comités científicos que jamás existieron, algunos políticos se lucraron con la venta de mascarillas, otros celebraban fiestas, orgías y tomaban copas saltándose el confinamiento, nuestros mayores murieron solos sin una mano familiar que los acompañase en sus últimos momentos agónicos, cayeron como moscas médicos y enfermeras, es decir, se bailaba la *Toten Dantz* macabra y funesta con los españoles siendo sometidos a un teatro mortal, puesto que hubo víctimas. Y se nos dejó caer a sabiendas, porque recuerden que el sanchismo negaba la mayor autorizando la manifestación del ocho de marzo cuando ya se sabía que el virus corría, como la pólvora.

Cuando algún dirigente político, como fue el caso de la presidenta Díaz Ayuso, exigía cerrar los colegios se la trató poco menos que de loca y de alarmista y a día de hoy todavía se utiliza en su contra el bulo de que fue responsable de la muerte de los ancianos de las residencias de Madrid, cuando existen documentos grabados de Sánchez y Pablo Iglesias explicando que la competencia era suya y solo suya. Hago un inciso y añado que la inutilidad de las autonomías se vio plasmada de manera terrible en este caso, porque el gobierno se lavó las manos con aquel despropósito de la *cogobernanza* y el uno por el otro, la casa sin barrer. Digo más, cuando Madrid intentó buscarse la vida, o españoles de bien como don Amancio Ortega se pusieron a disposición, Sánchez y su banda se negaron en redondo.

Esa es la ideología que quieren imponernos, el no tendrás nada y serás feliz, mientras ellos atesoran fortunas en remotos paraísos fiscales y viven en lujosas mansiones sin carecer de nada, cobrando enormes sueldos públicos que pagamos todos los españoles. No hay dinero para la ELA pero si para el cambio de sexo. No se valora la memoria ni el esfuerzo, pero tenemos en cambio las matemáticas con perspectiva de género, que ninguna persona de las que promueven semejante majadería sabe explicar en qué consisten porque dos más dos son cuatro y no hay ni género ni puñetas. Esa falta de capacidad de encontrar una explicación lógica sustentada en argumentos racionales demuestra lo endeble que es el armazón del *wokismo* y cómo puede defenderse solamente desde el fanatismo y el pensamiento mágico. Porque se trata de eso, invocar la fe en las consignas *wokistas* declinando confrontarlas con las ideas e incluso religiones como la católica. Saben que no resistirían ni medio asalto y por eso gritan, insultan, prohíben, silencian. Sus tesis no soportan nada que no sea convertirse en únicas, con la exclusión del resto de formas de pensar.

Sus contradicciones son tan enormes como la barbaridad que subyace tras ellas. Se grita contra la cadena perpetua y se indignan porque el preso es un pobrecito ser víctima del sistema capitalista, y cuando hacen una sola ley, la del Sí es Sí, la consecuencia de lo mal redactada que está, de su arbitrariedad, de su desconocimiento total del ordenamiento jurídico y de su arrogancia al no hacer caso incluso de sus propios expertos da como resultado que, acogiéndose a ella, se ponen en la calle a miles de violadores y pederastas. Un hombre que defienda su casa con una escopeta es un criminal que debe ir a la cárcel, pero a los etarras se les pone en libertad.

Esta es, por resumir, la ideología que pretende hacerse pasar como la panacea para toda la humanidad y que no es más que el regreso a un sistema feudal en el que el siervo debe obediencia ciega a su señor. Es un retraso de siglos en todos los órdenes.

A esto es a lo que nos quiere llevar el sanchismo. A esto es a lo que nos ha llevado en buena medida a lo largo de estos años. A la injusticia en sustitución de lo justo, a la fealdad a cambio de la belleza, a la subversión de lo lógico. No hay más. Es el triunfo del Mal.

España necesita urgentemente un *reset*

Cuando algo no funciona lo lógico es intentar solucionarlo buscando el remedio. Si está definitivamente roto, se descarta y se busca otra cosa nueva. Esto, que puede comprenderlo hasta un niño, parece ser algo abstruso, complicadísimo, inextricable incluso, en la política española. Tenemos un sistema constitucional que ha demostrado a lo largo de cuatro décadas las carencias por las cuales se han infiltrado los enemigos del Estado, los partidarios de la subversión y los aprovechados de siempre. Hay que decirlo con todas las letras: la actual Constitución tiene abiertas unas brechas tan enormes, hijas de las imperfecciones de la misma, que solo pueden ser superadas por un cambio total de mentalidad política y de las reglas del juego. Si tan solo fuesen una o dos podría admitirse que las obras humanas son, justamente debido a ello, falibles y, por tanto mejorables. Estaríamos, por tanto, en el primer supuesto, el de algo que falla pero tiene remedio. Por desgracia, no es el caso.

Ya he dicho en estas páginas que nuestra carta magna se redactó con buena fe, pensando en la reconciliación de los españoles, admitiendo conceptos contradictorios pensando que podrían sobrellevarse con inteligencia política y, en suma, asumiendo que el instrumento de la mejor gobernanza de España consistía en el pacto, el acuerdo, la mesa a la que sentarse para negociar con respeto hacia el contrario. Que de ahí surgieran cosas importantes no es algo que pueda negarse. La derecha quería hacerse perdonar el franquismo —sin analizarlo a fondo y sin partidismos, ni mucho menos ponderar los comos y los porqués se llegó a la guerra incivil y quien tuvo más responsabilidad en ello— y la izquierda adoptó una apariencia de diálogo para demostrar que habían roto con las checas y Paracuellos. Carrillo se fotografiaba junto a la enseña nacional, aceptaba la monarquía, adoptaba las tesis del eurocomunismo y, en suma, dirigía más veces sus venablos dialécticos contra el PSOE que contra la bancada de derechas. La izquierda, tanto socialista como comunista, se habían «democratizado» mientras que tal cosa, que era motivo diario de encomio en los medios de comunicación, no se aplicaba a la derecha que tenía que hacerse perdonar ante los poderes fácticos cualquier cosa que hiciera o dijera. Cuando el famoso saludo entre Fraga y Carrillo a quien se le otorgó todo tipo de alabanzas fue al segundo, mientras que nadie reconoció el tremendo esfuerzo que hizo el primero.

Recordemos, porque la memoria es volátil en España, que fueron las Cortes franquistas las que se hicieron el harakiri dando paso a la ley de la reforma política, que Suárez venía de ser secretario general del Movimiento , que don Juan Carlos podía haberse quedado perfectamente como el rey heredero del 18 de julio y que, por resumir, lo que denominamos «derecha» supo evolucionar y adaptarse al momento histórico. La izquierda, aparte del maquillaje social demócrata que usó Felipe y que le prestó Willy Brandt y la sonrisa de Carrillo no se modernizó en nada o en casi nada. Porque no se lo pidió nadie, incluso quienes más razones tenían para ello.

Por otra parte, habrá que señalar que el mismo Carrillo de la represión comunista en Madrid se entendía a las mil maravillas con el Suárez franquista. Ese es el resumen, somero y por tanto incompleto, pero he ahí el germen de todo lo que ha venido después. Insisto, podrá parecer bueno o malo pero era lo que marcaba la época de la Transición que ni fue tan mansa como ahora se pretende hacernos creer ni sus protagonistas tuvieron una inocencia tan cándida en sus actos. Se trataba de hacer entrar a España en la Europa de los países democráticos, el occidente liberal tutelado por los omnipotentes EE. UU., y para poder atravesar sus puertas se trabó aquel consenso que fue en no pocas ocasiones un aplazamiento de odios viscerales. Porque nadie cambia de la noche al día.

Pero, en fin, el resultado produjo que por primera vez en la historia, los españoles no se matasen los unos a los otros en una confrontación civil. Cuarenta años duró esa *pax* que, no por impostada, fue menos exitosa librando así a toda una generación de españoles de tener que dispararles a sus hermanos. A quien escribe esto, y aunque solo fuese por este motivo, ya le vale. Pero los tiempos cambian, las circunstancias geo políticas varían, con ellas sus protagonistas y no podemos pensar que lo que servía cuando existían dos bloques antagónicos en la política mundial, y como resultante lo mismo en España sea actualmente útil.

Descartamos un análisis global de occidente acerca de lo sucedido en las cuatro últimas décadas; nos ceñiremos a lo acaecido en España. Aquí sí podemos ir al detalle de las cosas que han sido de gran utilidad y las que no.

Habrá que ser valiente —qué tristeza, tener que apelar a la valentía para decir la verdad— y atacar los fallos que el marco legal presente ofrece y de los que se ha aprovechado el sanchismo. Helos aquí.

Las autonomías. Seamos sinceros, el estado autonómico es inútil, farragoso, creador de una legión de instituciones, cargos y sinecuras que solo aumentan el gasto público. Han conseguido afianzar a las oligarquías tradicionales en cada región creando, además, una nueva: la nomenklatura del partido autonómico. Si lo que se pretendía era acercar la administración al ciudadano, el propósito ha sido totalmente fallido puesto que esa misma administración es peor, añadiendo el hecho de que lo que se haga en Galicia no servirá en Cataluña, véase la tarjeta sanitaria y otros muchos casos. La burocracia se ha convertido en infinita, monstruosa, se han creado diferencias entre españoles incompatibles con el principio de igualdad para todos con la barrera de las lenguas regionales, se han creado televisiones, emisoras de radio y demás medios por doquier que no sirven más que a un poder local que tira el dinero de los españoles en instrumentos de propaganda caciquil de vuelo gallináceo.

Se ha aprovechado el «hecho diferencial» para ahondar en las diferencias entre españoles con la consiguiente fractura del corpus elemental de la nación, a saber, sus integrantes.

Se ha consolidado el chantaje, el chalaneo y el «¿qué hay de lo mío?» de manera totalmente pornográfica, puesto que el primer lugar en el que se desarrolla la mayoría de escándalos de corrupción es, justamente, el autonómico. Podríamos seguir, pero quizá la acusación más grave que se puede hacer a las autonomías es que han empequeñecido el debate político, volviéndolo una discusión de campanario sin permitir que se eleve y tenga una dimensión de altura. Provinciano es el nacionalismo y provincianas tenían que ser, por lógica, sus consecuencias.

Excuso decirles si, además, las autonomías recaen en lugares como las vascongadas, Cataluña o Galicia donde parece ser que algunos de sus habitantes se creen distintos al resto de personas que viven en España por el mero hecho accidental de haber nacido allí y no en otro lugar, o por hablar una lengua local, además del español, o por tener algunas particularidades regionales como si en el resto de España —y del mundo— eso no se diera. Dejo a un lado el farragoso tema del dinero, porque eso ha sido una sangría por la que se ha ido buena parte de la riqueza que, bien repartida e invertida en beneficio de todos, podría haber hecho que España no fuese en alpargatas como va ahora.

Eso, por no hablar de infraestructuras vitales como el plan hidrológico nacional, el plan de energía nuclear, el plan de despliegue de la alta velocidad, los aeropuertos, etc. Afirmo, pues, que deberían suprimirse esas autonomías pensadas, *ab initio*, para contentar a nacionalistas catalanes y vascos —que, por cierto, en aquella República famosa fueron traidores a la misma— y volver a modelos de organización territorial más lógicos y adecuados a los tiempos presentes donde mandan las redes, en los que considerar que la capital de una comarca debe ser aquella que tenga el mercado de verduras y carnes más importante es poco menos que una idiotez.

Lo que nos lleva al siguiente punto: la **administración improductiva y los organismos superfluos**. Es evidente que tenemos más políticos que cualquier país de Europa mientras que, en cambio, somos los que menos médicos o jueces tienen. Hay que suprimir instituciones inútiles como el Senado y toda esa administración intermedia que solo sirve para el nepotismo y la sinecura. Fuera Diputaciones, Cabildos, Consejos Comarcales y toda organización intermedia entre el Estado y el ciudadano. Bueno es crear delegaciones provinciales de los Ministerios, pero el resto ha de ser eliminado con el consiguiente ahorro. El mismo Estado debe adelgazarse en cosas inútiles, suprimir Ministerios y con ello direcciones generales, asesores y todo lo que cuelga de esas organizaciones. Hay que reforzar, en cambio, Ministerios como el de Justicia, el de Interior o Defensa, dotándoles de mayores medios y personal profesionalmente capacitado.

Excuso decir que me parece imprescindible el cierre de toda emisora de radio, canal de televisión o cualquier otro medio de comunicación de titularidad pública. Si cuando la Transición se suprimieron los diarios que eran propiedad del Estado no encuentro razón para no hacer lo propio con radios, televisiones, etc. Estas se han convertido, como hemos podido comprobar, en meros apéndices del Gobierno de turno, sea del color que sea, que los mantiene con el dinero de todos los españoles. Los medios, para ser libres, no pueden ni deben depender del cheque que le dé el gobernante de turno, que lógicamente influirá en la línea editorial de los mismos adulterando la principal misión de la prensa libre que es informar de manera objetiva y sin consignas.

Al respecto de esto se habla mucho del «servicio público» pero es falso. Lo adecuado sería llamarlos «servicios de propaganda». Como ya he desarrollado este apartado en su momento, excuso incidir más, pero debe ser el mercado quien los regule, eso sí, con una ley anti libelo que suponga en cierre definitivo del medio que difame o mienta a sabiendas. El estado solo debe preocuparse de organizar el espacio radioeléctrico y dar las licencias atendiendo a criterios técnicos sin preocuparse de nada más. Cumplimiento de los requisitos técnicos, insistimos, y del respeto a la Constitución y a sus representantes. Eso no significa ausencia de crítica, lo que significa es ausencia de presiones de tal o cual ministro o de colocar en los puestos a periodistas afines a este o a aquel partido.

Como en todo lo demás, la finalidad última es finiquitar este estado de partitocracia dictatorial, restituyendo a la población sus derechos integrales entre el que está, y no es el menor, ser informados en pluralidad, libertad y ecuanimidad sin espurias injerencias del poder.

Por concluir, solo con lo que nos ahorraríamos con la supresión de autonomías, organismos inútiles y administración improductiva tendríamos un montante de millones nada despreciable.

La ley electoral ha de ser reformada, consagrando el sistema de primera y segunda vuelta, marcando mínimos para tener representación parlamentaria, reduciendo el número de diputados y abundando en el escrupuloso escrutinio de los sufragios. Paralelamente, una nueva ley de partidos debería legislar que ninguna formación que tenga como propósito la secesión, la defensa de ideologías totalitarias o que admita financiación extranjera pueda ser legal. Hay que suprimir subvenciones a partidos, sindicatos y patronales o a sus fundaciones.

Hay que potenciar que los electores que deseen agruparse para presentarse en unas elecciones tengan las mismas facilidades que el resto de partidos. España debe ser circunscripción única, evitando así problemas que hasta ahora no han podido solventase como las juntas electorales locales.

En materia de **extranjería** ha de perseguirse sin tregua la inmigración ilegal, las mafias organizadas alrededor de la misma, pacificar nuestras calles y plazas aumentando las plantillas de las policías locales y nacional, dotar a los alcaldes de elementos legales para ejecutar desocupaciones, juicios rápidos a los delincuentes con antecedentes —no puede ser que haya individuos que se paseen por las calles con más de mil detenciones, eso es de locos—, expulsiones del territorio nacional también rápidas, y obrar, en suma, como lo que son: representantes del Estado y de la Ley en su municipio.

En este sentido, los **municipios** han de ver reforzado su papel, ahora ciertamente eclipsado en favor de las autonomías. El alcalde debe recuperar su peso específico en la política, otorgándole competencias hasta ahora privativas de los Gobiernos autonómicos. Si se decía que quien mejor conocía los problemas del territorio era el Gobierno autonómico, lo cual no era cierto, lo que no admite reproche es que quien mejor conoce la problemática de las ciudades es su alcalde. A propósito de los municipios, hay que reducir el número de estos, bien sea fusionándolos, bien sea suprimiéndolos, pero no es de recibo que España sea el país de Europa con más municipios, la mayoría desgraciadamente deshabitados.

El **campo y la ganadería** ha de ser una prioridad para el Gobierno, junto a la **pesca.** Hay que conceder créditos a fondo perdido para que se modernicen, hay que frenar la invasión de las placas solares y hay que considerar a los que trabajan en estas áreas como objeto de atención preferente. Esto comporta negarse a importar productos foráneos que nosotros mismos podamos producir en nuestro agro, cabaña o caladeros. Si todo esto choca con los ukases que nos dicta Bruselas y que han llevado a la postración actual, la resistencia ha de ser firme e inequívoca.

Nuestra política ha de tener a la nación como primer interés y no debemos someternos a los intereses espurios y malintencionados de la satrapía europea que ha conseguido dejar a España sin capacidad industrial, agrícola, pesquera, ganadera y productiva.

Ni que decir tiene que debe existir una **drástica rebaja impositiva**, suprimiendo las cotizaciones del seguro autónomo abusivas, modulando el IRPF y dejando de castigar a quien crea riqueza como si eso fuera un pecado. Que se pague un justo precio y nada más. Con menos gandules que mantener se puede invertir mejor en las cosas precisas sin necesidad de acogotar al contribuyente.

En suma, todo el ordenamiento constitucional debe girar alrededor de favorecer a España y a los españoles facilitándoles la vida, haciendo que las cosas sean racionales en materia legislativa y que la vida pública sea un ejemplo de servicio para todos. Hay que devolverles la autoestima a los españoles, explicarles nuestra historia, nuestras gestas y también nuestros yerros, pero con el orgullo de quienes se saben miembros de una patria que ha marcado un antes y un después en la historia de la humanidad.

Epílogo esperanzador (o no tanto)

Lo políticamente correcto suele ser intelectualmente estúpido. Esta frase que, modestamente, es mía se la solté en una tertulia a uno de esos apóstoles de todo lo que el tiempo y la razón ha demostrado que no eran más que falacias destinadas a encubrir el *wokismo*. Excuso decirles la gama de rojos que pasaron por su cara. Tenía su lógica, porque rojo, aunque de salón, era aquel quídam que a día de hoy ocupa un cargo en el que cobra un jugoso sueldo por no hacer nada, porque si tuviera que ocuparse aunque fuera de afilar los lápices le daría un infarto. Inútiles semejantes han estado adoctrinando a la gente a lo largo de décadas, inoculado ese veneno sutil que es el relativismo social, religioso, social y económico.

De ahí que el recurso permanente al franquismo, al fascismo, al machismo o a las nucleares sean necesarios para una dialéctica basada en las consignas pensadas para rebotar en determinadas paredes. No existe un pensamiento de izquierdas, si por pensamiento entendemos un corpus de valores. La izquierda actúa por oposición, aprovechando la buena fe o, digámoslo abiertamente, la ignorancia de una masa que prefiere una mala consigna a una buena verdad porque lo segundo exige reflexionar y lo primero no. Una sociedad ilustrada, informada y sabedora de donde viene, de cuales son sus orígenes y orgullosa de estos no puede ser engañada con las argucias de vendedor de crecepelo que a diario vemos en los medios sanchistas.

Esa es la incapacidad intelectual de un conglomerado de diferentes nulidades que gobierna España. La suma de varios ceros siempre será cero. Pero cuidado, ese vacío es peligrosísimo, porque lo llenan rápidamente de dictadura y entonces es imposible escapar de él. Lógicamente, mientras existan resquicios de libertad les es más difícil llevar a cabo su plan de dominación total, que no tan solo concierne a España sino a Occidente. Esta es una lucha global que pretende subvertir todo lo que ha dado la cultura europea y cambiarla por un serie de mantras que mantengan a las gentes sumidas en ese nuevo cesaropapismo *woke* que anula al individuo para sumirlo en un amasijo social perpetuamente enfrentado a sí mismo por diferencias inexistentes. Si la izquierda asumiera el papel histórico de subsanar las diferencias reales que existen, y que no son pocas, podríamos intentar llegar a acuerdos. Si algo no funciona, lo lógico es arreglarlo.

Pero su objetivo no es eliminar injusticias, al contrario, lo que buscan es obligarnos a vivir bajo la censura más terrible que existe, la comunista, un sistema que no admite la disidencia, la discrepancia y, por resumir, la libertad de mente y espíritu. Ese es el mayor logro de nuestra civilización, la libertad de elegir sin que eso suponga un riesgo físico.

Habría que visitar las cárceles de paraísos comunistas como Cuba, Venezuela, China, Corea del Norte, Vietnam o Yemen, vivir lo que representa ser rehenes de Hamas o de la teocracia iraní para ver hasta qué punto los financieros de esas revoluciones que desde aquí tanto se ensalzan son unos criminales. Quizá así nos daríamos cuenta de lo que existe detrás de esos decorados, de las pancartas, de los discursos huecos de justicia y de bondad pero tan repletos de odio. Las luces de alarma están encendidas desde hace tiempo pero todavía son pocos quienes las ven.

No es alarmismo. No tenemos más que fijarnos en los anteriores ejemplos o ver en qué quieren que acaben Europa o los EE. UU. Meros campos de concentración regentados por islamistas y sus compañeros de viaje. Ahí tenemos al adversario que, a través de la estrategia de la sustitución, pretende eliminar la cultura católica, liberal, nacional y social por otra que se fundamenta en una fe ciega y sin más derecho que obedecer como en una secta. Porque se trata justamente de eso, de reconvertir la libertad en una organización de acólitos sin posibilidad de escape. El sistema *woke* y todas sus terminales están alineados con todas las dictaduras del mundo, sean del tipo que sea. Los dirigentes de unas y otras coinciden en el mismo esquema social, pueblos dominados por el espíritu del Gran Hermano donde no se piensa, se obedece y se jalea al dictador. La trampa es sutil en ocasiones y burda en otras, pero ha hecho suficientemente mella en el cuerpo social de occidente como para que la infección que supone no haya empezado a pudrir nuestros cimientos.

Pero todavía existe gente capaz de reaccionar ante esta conspiración a cielo abierto. Los jóvenes que salen a las calles y protestan ante el tiranicidio que se nos impone, los ciudadanos que dicen en voz alta que están hartos del sistema, algunos partidos políticos que saben lo que está en juego, incluso sectores del mundo económico que están alarmados por la colonización que supondría que los malos ganasen son una muestra de que el espíritu no ha muerto del todo.

El sistema partitocrático se resquebraja cada vez más y tanto los partidos de la izquierda como los que dicen ser de derechas, pero comparten los mismos objetivos que los primeros como la agenda 2030, están asistiendo con pánico a la insumisión de las masas, viéndose obligados a enseñar su auténtico rostro anulando elecciones, deslegitimando a candidatos, echando toneladas de *fake news* sobre los que lideran esta auténtica revolución. Son los primeros escarceos de una guerra que justo ahora empieza a librarse y que será, forzosamente, larga y dura. El mundialismo no puede tolerar que existan naciones fuertes, libres y con individuos capaces de reflexionar antes de votar. Y estén seguros de que emplearán todos los medios de los que disponen, y que no son pocos, para evitarlo.

Este es un combate en el que todos estamos implicados porque nos concierne como seres humanos libres, como hijos de Occidente, como gente con un legado espiritual y social y, en lo que a nosotros se refiere, como españoles.

El destino de nuestra patria dependerá de la capacidad de reacción que tengamos y de que asumamos nuestro destino como individuos responsables. Ese es el mayor reto que tenemos planteado a día de hoy: no es una mera disputa política acerca de si gana el sanchismo o la derecha institucional; es un combate por el espíritu de todo un pueblo y de su libertad. Otras naciones como Italia o Argentina lo han conseguido. ¿Por qué no podemos hacer lo mismo los españoles? Abandonemos nuestro tradicional escepticismo y retomemos aquella magnífica España capaz de dar al mundo las gestas más heroicas, porque somos hijos de quienes conquistaron un mundo, de quienes plantaron cara a las águilas napoleónicas con unas guerrillas insuficientemente armadas, de defender en Baler el honor nacional, somos hijos de los que participaron en Rocroi, de los que se embarcaron junto a Colón hacia la aventura, de lo que reconquistaron toda España a los árabes, de los que supieron alzarse tras las derrotas y supieron ser magnánimos en las victorias.

Los españoles, que hemos demostrado a lo largo de los siglos que somos un pueblo vivo, hemos de volver a serlo de nuevo. No es un imposible ni es una quimera. Cada uno, desde su puesto, hemos de decir que ya basta de tanta mentira, tanta ruina moral y tanto enfrentamiento baldío. Todos somos lo mismo porque España es de todos, y seas de una ideología u otra nuestro destino común nos afecta por igual y al legado que dejaremos a nuestros hijos.

Hay que sajar el absceso sanchista con la penicilina de lo correcto, lo justo, con la acción a todos los niveles; hemos de recuperar ese amor propio que nos han querido mutilar.

Y tan importante es que eso se promueva desde el ámbito político como desde el particular. Hay que intervenir en las conversaciones en las que los sanchistas pretenden inocular su sórdida y mendaz ponzoña. Desde los lugares de trabajo, las escuelas, las universidades, el mundo asociativo, el deporte, los medios de comunicación, las corporaciones profesionales, las artes o cualquier otro aspecto de la vida nacional el grito de no pasarán ha de brotar con la fuerza que avala la verdad. Esa es nuestra mejor baza. Ante la mentira, lo cierto; ante las tinieblas, la luz, porque la sombra retrocede cuando se la ilumina. Y aprender a respetarnos, a convivir en paz, a no servir con nuestras discusiones de barra de bar a quienes pretenden que estemos callados y sentaditos en nuestros sofás.

No son tiempos para la molicie social. Son tiempos de héroes civiles, de españoles con conciencia de serlo, tiempos en los que toda esa ola de patriotismo barra la mugre sanchista. Porque, estén seguros, esa ola es una ola de amor, de luz y de justicia. Por muchas murallas edificadas con ladrillos hechos del fango de la dictadura *woke*, ese amor y esa luz han de prevalecer. No tenemos otra opción que la lucha pacífica pero contundente, una lucha que ha de ser diaria, constante, sin dudas ni tibiezas. Nada de contemporizar con el mal, porque al mal se le combate, no se le deja pasar para tomar café intentar convencerle. Desterremos buenismos que solo permiten al caballo de Troya que constituye la partitocracia instalarse en nuestros hogares.

Es el momento de que hablen los corazones y las bocas, de que la protesta que ya se hace patente en calles y plazas alcance su masa crítica. Porque los otros, además, son cobardes, como se vio en Paiporta con Sánchez. Temen al pueblo al que dicen servir. Ese es su talón de Aquiles. El miedo. Por el contrario, nuestra mejor arma es la valentía, el coraje, la audacia, sabedores de que, sí perseveramos, ganaremos, porque no hay nada en el mundo que sea eterno ni noche que dure más de lo que tarda el sol en despuntar.

Yo quisiera, pues, en mi modestísima condición de ser uno más, convocar al lector con toda mi fuerza y convicción a que se una a esta batalla colectiva al grito de ¡viva la libertad, viva España!

Barcelona, junio de 2025